日本神話の論点

吉田敦彦
Yoshida Atsuhiko

青土社

日本神話の論点　**目次**

第一章　スサノヲはなぜ罰を受けても偉大な神であり続けたのか　9

第二章　オホクニヌシの「国作り」と妻問いの意味　67

第三章 「国譲り」と「天孫降臨」に示された神々の働き

日本神話の論点

第一章　スサノヲはなぜ罰を受けても偉大な神であり続けたのか

（1）下界での啼きいさち

日本神話の中で、主役の一人と言ってよいと思われる活動をしたことが物語られているスサノヲの命は、誕生の後に激烈きわまりない振る舞いによって天地を震撼させた末に、「根の堅州国」（『古事記』）とも、「底つ根の国」（『日本書紀』）とも呼ばれている地底の世界に行って、そこに止住していることになっている。このことでスサノヲは、彼がまず地上で、次に天上で引き起こしたひどい災害に対する罰を受けていることになっているのだと思われる。

『古事記』によればスサノヲは、父神のイザナキが、死んだ妻のイザナミをなんとかして生き返らせて地上に連れ帰ろうとして、地下の死者の国まで迎えに行きながら、そのことに失敗しイザナミと夫婦別れをして、一人で地上に帰ってきたあとにした禊ぎの最後に、イザナキの鼻から誕生した。このときにイザナキは、「吾はいなしこめしこめき穢き国に至りてありけり。故、吾は御身の禊ぎせむ」と言った。そして筑紫《つくし》の日向《ひむか》の小門《をど》の阿波岐原《あはきはら》というところに行き、河で「禊ぎ祓《はら》ひたまひき」と言われているように体を洗い清めた。

そうすると河に入る前に彼が投げ棄てた、杖や嚢や、脱ぎ棄てた衣、袴《はかま》、冠や、左右の手に付けていた手纏《たまき》から、それぞれ神が生まれ、さらにそのあと彼は体を洗って、さまざまな神を生み出した。そしてその最後に彼は、左右の目と鼻を洗って、アマテラス大御神と月神のツクヨミの命とスサノヲを、次々に生まれさせた。

そうすると彼は、「三貴子」と呼ばれているこれらの三神が、最後に自分から出生したことを、「吾は子を生み生みて、生みの終《して》に三はしらの貴き子を得つ」と言って、「大く歓《いた》喜び」と言われているように大喜びした。そしてまずアマテラスに、自分が掛けていた玉の首飾りの御頸玉《みくびたま》を、厳かに音をたてて揺すりながら授け、「汝命は、高天の原を知らせ」と言って、天上の神々の世界の支配者に任じ、それからツクヨミとスサノヲにそれぞれ、「汝命は、夜の食国《をすくに》を知らせ」、また「汝命は、海原を知らせ」と言って、夜と海の支配者に任命した。

そうするとアマテラスとツクヨミが、「故、各《おのおの》依《よ》さしたまひし命の随《まにま》に、知らしめす」と言われているように、父から受けた指示にすぐに従って、天に昇ってそれぞれの任務を果たし始めたのに、スサノヲだけは父の指示に従わなかった。そして「八拳鬚《やつかひげ》心《むね》の前《さき》に至るまで、啼きいさちき」と言われているように、ひげが胸元まで長く伸びて垂れるまで、ただひたすら激しく泣きわめき続け、青々とした山を泣き声によってすっかり枯れ山にし、河と海の水まで泣き乾してしまった。それで世界には、「ここをもちて悪しき神の音《こえ》は、さ蝿如《な》す皆満ち、万の物の妖悉《わざわひ》に発《おこ》りき」と言われているような、とんでもない大混乱状態が現出した。

イザナキがそれで、「何由《なにし》かも汝は事依させし国を治らさずて、哭きいさちる」と言って、海を支配せずに泣きわめいてばかりいる理由を尋ねると、スサノヲは「僕は妣《はは》の国根の堅州国に罷らむと欲《おも》ふ。故《かれ》、哭くなり」、つまり「自分は死んだ母のいる根の堅州国に行きたいと念願して泣いている」と答えた。イザナキはそれで、激怒した。そして「然らば汝はこの国に住むべからず」と言って、スサノヲを放逐したのだとされている。

イザナキが死者の国の黄泉の国でイザナミと絶縁し、地上に帰って来てした禊ぎの最後に、左右の目と鼻を洗って、アマテラスとツクヨミとスサノヲを次々に出生させたことは、『日本書紀』神代第五段の一書第六にも語られている。この記事によればそのあとでイザナキは三神に、「天照大神は、以て高天原を治すべし。月読尊は、以て滄《あお》海原の潮の八百重《やほへ》を治すべし。素戔嗚尊は、以て天下《あめのした》を治すべし」と言った。つまりイザナキから海の支配を命じられたのは、ここではスサノヲではなくツクヨミで、スサノヲは父から、「天下」を支配するように命令されたことになっているわけだ。ところが三神のうち彼だけは、父のこの指令に従わずに、大人になって長い鬚が生えても、大声で泣いて憤ることを続けたとされている。

イザナキがそれで、「汝は何の故にか恒に如此《かく》啼く」と尋ねると、スサノヲは「吾は、母《いろはのみこと》に根国に従はむと欲ひて、只に泣かくのみ」と答えた。そのためにイザナキは、彼を憎悪して追放したのだとされ、そのことが「伊弉諾尊悪《にく》みて曰はく『情《こころ》の任《まま》に行ね』とのたまひて、乃ち遂《やらひや》りき」と、言われている。「自分は根の国へ行きたくて泣いているのだ」と言ったスサノヲに、「情の任に行ね」と言い渡したのだから、イザナキはここではスサノヲを、はっきり根の国へ追放したとされていることが明らかだと思われる。

これらの記事では、スサノヲは誕生したあとまず、父神が彼に託そうとした偉大な神としての任務を果たさずに、ひたすら大声で泣き続けて、世界を混乱に陥れた。それでその罰に父のイザナキによって――『日本書紀』によればはっきり、「願望の通り根の国へ行け」と言われて――放逐される罰を宣言されたことになっている。

ここでスサノヲが、『古事記』では「妣（つまり死んだ母）」、『日本書紀』では「母（いろはのみこと）」と呼んで、慕って泣き続けたと言われている女神は、彼の父の妻だったイザナミを指していることが明らかだと思われる。イザナミは確かに、『日本書紀』神代第五段の本文や一書第二では、スサノヲの母神だったと明言されている。だがここで問題にしている『古事記』と『日本書紀』一書第六の記述では、実際には彼の母神ではなかったことになっている。なぜならこれらの箇所によれば、彼はイザナミが生んだのではなく、父のイザナキが自身の鼻から誕生させた子だった。そして彼がそのような奇蹟的なしかたで、父から出生した時点では、イザナキとイザナミの夫婦関係はすでに、イザナキが黄泉の国を去るに当たって『日本書紀』に

「絶妻之誓」と書かれている別離の宣言（ことど）を申し渡したことで、完全に断ち切られていたことになっているからだ。

つまりこれらの記事ではアマテラスとツクヨミとスサノヲの三神は、父のイザナキの子だが、イザナミは彼らの母ではなかったことになっているわけだ。それなのに三神のうちのスサノヲだけは、イザナミを自分には存在していない母に見立てた。そして死んで地下界にいるそのイザナミへの猛烈な思慕に取りつかれて、彼の唯一の親であるイザナキの言うことには顧慮を払わずに、ただひたすらイザナミのもとへ行くことを願って大声で泣くのを止めなかったとされているわけだ。だから彼が「僕は妣の国根の堅州国に罷らむと思ふ。故、哭くなり」、あるいは「吾は母に根国に従はむと欲ひて、只に泣かくのみ」と言うのを聞いて、イザナキは当然、『古事記』に「大《いた》く忿りて」と言われているように激怒し、『日本書紀』に「悪みて」と言われているように、彼を憎んだ。そして根の国へ追放する罰を、申し渡したとされているわけだ。

（2）天上での乱暴

ところがこのように生まれてまず、下界にひどい混乱を起こし、父神から地下界への追放を宣言されたスサノヲは、すぐに根の国へ行かずに、その前に高天の原にいる姉神のアマテラスに会って、わけを話し暇乞いをしようとして、彼女が支配している天に昇って行ったことになっている。『日本書紀』神代第六段の本文の冒頭によれば、彼はイザナキに「吾、今教《みことのり》を奉《うけたまは》りて、根国に就りなむとす」と言って、父の宣言に恭順して根の国へ行くことを告げた。そして「故、暫《しばら》く高天原に向《まう》でて、姉《あねのみこと》と相見《あいまみ》えて、後に、永《ひたぶる》に退《まか》りなむと欲ふ」と言って、その前に高天の原へ行って、しばらくのあいだ姉神と親しく対面することをイザナキに願った。そして「『許す』と勅《のたま》ふ。乃ち天に昇り詣《まう》ず」と言われているように、そのことをイザナキに許されて、天に昇ったのだとされている。

ところがこうして天に昇ったスサノヲは、そこでアマテラスに対してひどい乱暴をした。彼がまずした所行のことは『古事記』には、「天照大御神の営田《つくた》の畦を離《はな》ち、その溝を埋め、またその大嘗《おほにへ》を聞こしめす殿に屎《くそ》まり散らしき」と記されている。つまりアマテラスが天に作らせていた田を、畦を壊したり溝を埋めて荒らした上に、その田で取れる新穀をアマテラスが召し上がる祭りのために整えられていた御殿で、大便をしそれをまき散らして祭場を汚したというのだ。スサノヲがアマテラスの田を荒らし、祭場を汚したことは、『日本書紀』神代第七段の本文には、こう物語られている。

春は重播種子《しきまき》、且畦段《またあはなち》す。秋は天斑駒《あまのぶちこま》を放ちて、田の中に伏す。また天照大神の新嘗《にひなへきこ》しめす時を見て、即ち陰《ひそか》に新宮《にひなへのみや》に放屎《くそま》る。

つまり春に一ぺん播種してある上にまた種をまいて種蒔きの妨害をし、また田の畦を壊し、秋には天上のまだらの毛並みの馬を放ち、田の中に伏せさせて、実っている稲を荒らした。またアマテラスが新穀を召し上がる祭りをされるときを見計らって、こっそり大便をして、その御殿を汚したというのだ。

そうするとアマテラスはこれらの悪事を咎めもせずに、無理に言い繕ってスサノヲを許してやった。『古事記』にはそのことが、「然為《しかす》れども天照大御神は咎めずて告りたまひしく『屎如《くそな》すは、酔ひて吐き散らすとこそ、我が汝弟《なせ》の命、かく為《し》つらめ。また田の畦を離ち、溝を埋むるは、地を惜しとこそ、我が汝弟の命、かく為つらめ』と詔り直したまへども」と、記されている。つまりアマテラスは、「スサノヲが排泄してまき散らした大便のように見えるのは、彼が酒に酔って悪意からではなく、阻喪をして嘔吐した物で、田の畦を壊したり溝を埋めたのは、畦や溝になっている土地がもったいないと思い、田をひろげようとしてしたのだろう」と言い訳をして、彼を庇ってやったというのだ。

スサノヲの理不尽な乱暴に対して、アマテラスが最初のうちこの弟神に示した親愛の情と寛仁さのことは、『日本書紀』神代第七段の一書第二にはこう記されている。

凡て此の諸《もろもろ》の事、尽《ことごと》くに是無状《あづきな》し。然れども、日神、恩親《このかみおととむま》じき意《みこころもち》にして、慍《とが》めたまはず、恨みたまはず。皆《たいらか》なる心《みこころ》を以て容《ゆる》したまふ。

そうするとスサノヲは行状を改めるどころか、『古事記』に「なほその悪しき態止まずて転《うた》ありき」と言われているようにつけ上がって、ますますひどい乱行を続けた。そのあげくに、アマテラスが神の衣を織らせていた清浄な建物の屋根の天辺に穴を開けて、そこから尻の方から皮を剝いだ天の斑駒を投げ込んだ。それでそこで作業をしていた女神の天の服織女《はたおりめ》が、落下してきた血塗れの馬を見て、びっくり仰天した拍子に、手に持っていた機織りの道具の梭《ひ》（横糸を通すのに使う先の尖った板）を、自身の女性器に突き刺して死んでしまった。そのことは、「天照大御神、忌服屋《いみはやた》に坐して、神御衣《かむみそ》織らしめたまひし時、その服屋の頂《むね》を穿ち、天の斑駒を逆剝ぎに剝ぎて堕し入るる時に、天の服織女見驚きて、梭に陰上《ほと》を衝きて死にき」と、記されている。

『日本書紀』本文では、このとき機織りをしていた最中に、投げこまれた皮を剝がれた馬を見て、驚いたはずみに梭で体を突いたのは、天の服織女ではなくアマテラス自身で、アマテラスはそれで負傷したことになっている。そのことは、「又天照大神、方《みさかり》に神衣を織りつつ、斎服殿《いみはたどの》に居しますを見て、即ち天斑駒を剝《さかはぎにはぎ》て、殿の甍《いらつか》を穿《うが》ちて投げ納《い》る。是の時に、天照大神、驚動きたまひて、梭を以て身を痛ましむ」と物語られている。

そうするとこの究極の乱暴に対してはアマテラスもついに、『日本書紀』本文に「発慍《いか》りまして」と言われているように、激怒した。そして天の岩屋に入り、内側から戸を鎖して、閉じこもってしまったので、太陽のアマテラスがいなくなってしまったために世界には、「故、六合《くに》の内常闇《とこやみ》にして、昼夜の相代《あひかはるわき》も知らず」と言われているような、真っ暗闇の状態が果てしなく続くことになった。そのために世界に起こった混乱の有様は『古事記』には、「ここに万の神の声は、さ蠅なす満ち、万の妖《わざわひ》悉に発りき」と、述べられている。

これはスサノヲがイザナキによって追放されて、天に昇って来る前に下界に生じさせた混乱が、『古事記』に見たように、「ここをもちて悪しき神の音は、さ蠅如す皆満ち、万の物の妖悉に発りき」と言われているのと、まさにそっくりの描写だ。つまりスサノヲは、誕生のあとまず、常軌をまったく逸した振る舞いによって、下界にこのような混乱を引き起こしたあとに、天に昇りそこでもまた乱行の限りを尽くして、それとよく似た描写ができるような大混乱状態を、今度は天上と地上の全世界に生じさせたことになっているわけだ。

この事態にあって八百万の天神たちは、困惑の極みに達した。天神たちはそこで、天上を流れる天の安の河の河原に集まって、どうすればよいかを相談した。そしてそこでタカミムスヒの子のオモヒカネという知恵の神に考案させたやり方に従って、固く閉じている天の岩屋の戸の前で、みながそれぞれの特徴を発揮し役割を分担しながら協力して、アマテラスを岩屋から招き出すために、盛大な祭りをすることになった。

（3）岩屋戸の前で天神たちがした祭り

天神たちはまず常世の国から、長い鳴き声によって夜を終わらせて、暁の到来を告げる雄の鶏を集めてきて、日神を呼び出すために鳴かせた。それからアマツマラという鍛冶の神に手伝わせながら、イシコリドメという女神に鏡を作らせた。『古事記』では「天の金山《かなやま》の鉄《くろがね》を取りて」と言われて、この鏡の材料は鉄だったとされているが、『古語拾遺』には「石凝姥神《いしこりどめ》をして天の香山の銅《かね》を取らしめて、日像《ひかた》の鏡を鋳《い》さしむ」と言われて、太陽をかたどって作られたこの鏡は、銅鏡だったことになっている。またタマノヤという神には、多くの曲玉を長い緒に通して、玉の飾りを作ることが命じられた。

それからアメノコヤネとフトダマという二柱の神たちに、牡鹿の肩から抜き取った骨をカバザクラ（山桜の一種）の樹皮で焼き、ヒビの入り方で吉凶を判断する占いをさせてから、天上の天の香山から枝葉の繁った榊を根こそぎに掘って取ってきて、その上方の枝に玉の飾りを取り付け、中間の枝に鏡を掛け、下方の枝からカジの木の皮で作った白いぬさと、麻で作った青いぬさを垂らした。そしてその榊をフトダマが捧げ持った横で、アメノコヤネが祝詞を唱え、アメノタヂカラヲという大力の神が、閉まっている岩屋の戸の脇に隠れて立った。

その上でこの天の岩屋戸の前の祭りの中心的な役は、アメノウズメという女神によって演じられた。この女神は、天上の天の香山から採って来た二種類のつる草を、それぞれたすきと髪飾りにし、これも同じ山から採って来た笹の葉を束ねて手に持った。そして岩屋戸の前に空ろな容器を伏せた上に乗って、踏み鳴らして踊りながら夢中になって、乳房を露呈させ、衣の紐を押し下げて女性器を剥き出して見せた。それでそれを見た八百万の天神たちは、高天の原が鳴り響くほど、どっと大笑いをした。このアメノウズメの踊りと天神たちの哄笑のことは、『古事記』にこう物語られている。

天宇受売命、天の香山の天の日影《ひかげ》を手次《たすき》に繋《か》けて、天の真拆《まさき》を鬘《かづら》として、天の香山の小竹葉《ささば》を手草《たぐさ》に結《ゆ》ひて、天の石屋戸に槽伏《うけ》せて踏み轟《とど》こし、神懸《かむがか》りして、胸乳《むなち》をかき出で裳緒《もひも》を陰《ほと》に押し垂れき。ここに高天の原動《とよ》みて、八百万の神共に咲《わら》ひき。

そうするとその騒がしい物音が岩屋の中まで聞こえたので、アマテラスは不審に思って岩屋の戸を内側から細めに開けた。そして中から、「私が隠れているために、高天の原も地上もまっ暗闇で、みなさぞ困りきっているはずだと思うのに、どうしてアメノウズメはそのように歌や踊りに興じ、八百万の神たちもみな陽気に笑っているのか」と、声をかけた。アメノウズメはアマテラスに、「それはここにあなた様よりも、もっと尊い神がいらっしゃるからで、そのことを喜んで私たちは笑い、歌ったり踊ったりしているのです」と言った。そしてそこにアメノコヤネとフトダマが、榊にかかっている鏡を差し出してアマテラスに見せた。アマテラスはそれで、その鏡に映っている自分自身の姿を見てますます不思議に思い、その確かに誰よりも尊く見える神の像をよく見ようとして、岩屋からすこし出て来かかった。それでアメノタヂカラヲがすかさず、そのアマテラスの手を取って岩屋の外に引き出し、そのあとにフトダマがアマテラスの出て来たところに注連縄を張って、「ここから内へお戻りになってはなりません」と言った。

このようにしてアマテラスが、しまいに天の岩屋から出てきたときのことは、『古事記』には。こう語られている。

ここに天照大御神、怪しと以為《おも》ほして、天の岩屋戸を細めに開きて、内より告りたまひしく、「吾が隠《こも》りますによりて。天の原自ずから闇く、また葦原中国も皆闇けむと以為《おも》ふを、何由《なにのゆゑ》にか、天宇受売は楽《あそび》をし、また八百万の神も諸咲《もろもろわら》へる」とのりたまひき。ここに天宇受売白《まを》しく、「汝命に益《ま》して貴き神坐《いま》す。故《かれ》、歓喜《よろこ》び咲《わら》ひ楽《あそ》ぶぞ」とまをしき。かく言《まを》す間に、天児屋命、布刀玉命、その鏡を指し出して、天照大御神に示《み》せ奉る時、天照大御神、いよよ奇《あや》しと思ほして、稍《やや》戸より出でて臨みます時に、その隠り立てりし天手力雄神、その御手を取りて引き出す即ち、布刀玉命、尻くめ縄をその御後方《みしりへ》に控《ひ》き度《わた》して白しく、「これより内にな還り入りそ」とまをしき。

岩屋戸の前で、天神たちがした祭りの最中に、アメノウズメが乳房と女性器を露呈し、それを見て八百万の神が哄笑したということは、『日本書紀』にはあからさまには記されていない。神代第七段の本文には、アメノウズメが茅《ちがや》を巻いた矛を手に持ち、天の香山から採ってきた榊を髪に飾り、つる草のヒカゲをたすきにし、かがり火を燃やしながら、伏せた容器の上で巧みな演技に耽るうちに無我夢中の状態になったことが語られている。そうするとアマテラスが岩屋の中でその喧噪を聞いて「私がこうして岩屋に閉じこもっているために、豊葦原中国は切れ目のないまっ暗な闇夜が続いているはずなのに、どうしてアメノウズメの命はこのように喜んで笑っているのだろう」と言いながら、岩屋の戸に手を掛け細めに開けて、外の様子を窺った。そこですかさずアメノタヂカラヲがその御手を取って、アマテラスを岩屋の外へ引き出した。そしてそのあとにアメノコヤネとフトダマが注連縄を張って「今後はもう、この中にお戻りにはならないように」と、申し上げたのだという。そのことは、こう物語られている。

又猨女君《さるめのきみ》の遠祖《とほつおや》天鈿女《あめのうずめ》命、即ち手に茅纏《ちまき》の矟《ほこ》を持ち、天石窟戸の前に立たして、巧《たくみ》に作俳優《わざをき》す。亦天香山の真坂樹を以て、火処《ほところ》焼き、覆槽《うけふ》置せ、顕神明之憑談《かむがかり》す。是の時に、天照大神、聞《きこ》しめして曰さく、「吾、比《このごろ》石窟に閉り居り、謂《おも》ふに、当《まさ》に豊葦原中国は必ず為長夜《とこやみゆ》くらむ。云何《いかに》ぞ天鈿女命如此《かく》嘘楽《ゑや》くや」とおもほして、乃ち御手を以て、細《ほそめ》に磐戸を開けて窺《みそなは》す。時に手力雄神、即ち天照大神の手を奉承《たまは》りて、引き奉出《いだしまつ》る。是に、中臣神・忌部神、即ち端出之縄《しりくめなは》を以ちて界《ひきわた》す。乃ち請して曰さく、「復《また》な還幸《かへりい》りましそ」とまうす。

このようにして天神たちがみなそれぞれの能力を発揮し、一生懸命に総力をあげて実施した祭りによって、アマテラスがようやく岩屋から招き出されたので、それまでまっ暗闇だった世界はまた天上も地上も、目映い太陽の光で明るく照らされるようになった。そのことは『古事記』に、「故《かれ》、天照大御神出でまし時、高天の原も葦原中国も、自ら照り明りき」と、記されている。

アメノタヂカラヲはこのとき、岩屋から出て来かかったアマテラスの手を取って、外に引き出したのではなく、外の陽気な騒ぎの様子を見ようとして、アマテラスが岩屋の戸を細めに開けたときに、大力にまかせてその戸を力いっぱいに引き開けたのだとも言われている。『日本書紀』神代第七段の一書第三によれば、ヤタの鏡とヤサカニの曲玉を懸け、木綿のぬさを垂らした榊を捧げ持ったフトダマの横で、アメノコヤネが厳かに祝詞を唱えると、その言葉の美しさに感心したアマテラスが外の様子を窺い見ようとして、岩屋の戸を細めに開けた。そうするとその戸をアメノタヂカラヲがすっかり引き開けたので、それで太陽の女神の眩しい光が、世界中に満ち溢れたのだとされ、そのことはこう物語られている。

是に天児屋命、天香山の真坂樹を掘《ねこじに》して、上枝《かみつえ》には、鏡作の遠祖天抜戸《あまぬかと》が児石凝戸辺《いしこりとべ》が作《す》れる八咫鏡を懸け、中枝《なかつえ》には、玉作の遠祖伊弉諾尊の児天明玉《あまのあかるたま》が作《す》れる八坂瓊《やさかに》の曲玉を懸け、下枝《しづえ》には粟国の忌部の遠祖天日鷲《あまのひわし》が作《は》ける木綿《ゆふ》を懸《とりしめ》でて、乃ち忌部首《おびと》の遠祖太玉命をして執《と》り取《も》たしめて、広く厚く称辞《たたへごと》をへて祈《の》み啓《まう》さしむ。時に、日神聞《きこ》しめして曰はく、

「頃者《このごろ》、人多《ひとさは》に請すと雖《いへど》も、未だ若此言《かくいふこと》の麗美しきは有らず」とのたまふ。乃ち細《ほそめ》に磐戸を開けて窺《みそなは》す。是の時に、天手力雄神、磐戸の側に侍《かくれさぶら》ひて、即ち引き開けしかば、日神の光、六合《くにのうち》に満《いは》みにき。

アメノタヂカラヲが、アマテラスが内側から細く開けた岩屋の戸を引き開けたということは『古語拾遺』にも語られている。そのことは、こう記されている。

時に、天照大神、中心《みこころのうち》に独謂《おもほ》したまひつらく、此吾《このごろ》幽《かく》り居り、天下悉闇《とこよゆ》かむを、群神《もろもろのかみたち》、何由如此《などてかく》歌楽《ゑらぎあそ》ぶや、とあやしみまして、戸を聊開《ほそめにあ》けて窺《みそなは》します。爰《ここ》に天手力雄神、其の扉を引啓《ひきあ》けて、新殿《にひみや》に遷《うつ》し坐さしめたまひき。

（4）天からの追放とオホゲツヒメの殺害

このようにして天神たちが、それぞれが持っている限りの力を出し合い、全力を尽くし協力してアマテラスをやっと岩屋から招き出し、それによって『古事記』に「常夜（いつまでも続く闇夜）」と呼ばれている混沌の状態が終わり、世界の秩序がもと通りに回復すると、天神たちはとうぜんスサノヲを、途方も無い乱行によって世界を大混乱状態に陥れた、法外な悪者として厳しく糾弾した。そして『古事記』に、「ここに八百万の神共に議りて、速須佐之男命に千位《ちくら》の置戸《おきど》を負《おは》せ、また鬚を切り、手足の爪も抜かしめて、神逐《かむや》らひき」と言われているようにして、天から放逐したとされている。つまり天神たちはみんなで相談して、スサノヲから莫大な賠償を取り立て、鬚を切り手足の爪を抜いて、神の仲間から追放して追い払ったというのだ。

『日本書紀』神代第七段の一書第三には、この追放のことが、「既にして諸《もろもろ》の神、素戔嗚尊を嘖めて曰はく、『汝が所行《しわざ》甚だ無頼《たのもしげな》し。故、天上に住むべからず。亦葦原中国にも居るべからず。急《すみやか》に底根《そこつね》の国に適《い》ね』といひて、乃ち共に逐降《やら》ひ去《や》りき」と物語られている。つまり天神たちはみなでスサノヲに「お前のような極悪の所行をする者は、天にも地上にも居てはならぬので、すぐさま底つ根の国に行け」と申し渡して、天から放逐したというのだ。

この記事のあとには、このときスサノヲが受けた、『古事記』に「神逐ひ」と言われている神の仲間からの排斥が徹底したものだったことを示す、次のような挿話が記されている。スサノヲが天から追い払われたときには、激しい長雨が降り続いていた。スサノヲはそれで青草を結い束ねて、急拵えの笠と蓑を作り、それを着て神々に家に入れてくれるように頼んだ。だが神々はみな、「お前は自身の所行が汚らわしく非道であることを責められて、追放されている者なのに、どうして我々に家に入れてくれなどと言うのか」と言って、手厳しく拒絶した。スサノヲはそれで、風雨がどんなに猛烈になっても止まって休むことができず、辛苦して降りて行かねばならなかったという。そのことは、こう物語られている。

　時に霖《ながめ》ふる。素戔鳴尊、青草を結束《ゆ》ひて、笠蓑として、宿を衆神《もろかみたち》に乞ふ。衆神の曰はく、「汝は是躬《み》の行濁悪《しわざけがらは》しくして、逐《やら》ひ謫《せ》めらるる者なり。如何にぞ宿《やどり》を我に乞ふ」といひて、遂に同《とも》に距《ふせ》く。是を以て、風雨甚だふきふると雖《いへど》も、留り休むこと得ずして辛苦《たしな》みつつ降りき。

同じ一書にはまた、アマテラスと永別するに当たってスサノヲが、「当に衆神《もろかみたち》の意《みこころ》の随《まにま》に、此より永《ひたすら》に根国に帰《まか》りなむ」と言ったことが記されている。つまり天神たちはスサノヲを、前にイザナキがそうしたのを見たように、はっきりと底つ根の国へ追放した。そしてスサノヲも、その天神たちから申し渡された総意に従って、自分が根の国に永久に去ると明言して、アマテラスに別れを告げたとされているわけだ。

それだから彼を主人公にする神話の結末では、スサノヲはけっきょく根の国へ行った。そしてそこに永遠に止住し続けていることとされているので、そのことでこの神ははじめに述べたように明らかに、彼が乱行によってまず地上で、次に天上で引き起こした災いに対して、イザナキと天神たちとから相次いで宣告された、罰に服していることになっているのだと思われる。

ただこのようにして天から追放されたあとでスサノヲは、すぐに根の国に行ったことにはなっていない。『古事記』と『日本書紀』神代第八段の本文や一書第一によれば、その前に彼はまずいったん、出雲の国の肥（『日本書紀』では簸）の河（現在の斐伊川）の河上に降りた。そしてそこでひどい害をしていた、世にも恐ろしい怪物のヤマタノヲロチを退治するという、素晴しい偉業を達成したことになっている。つまりそこで彼はそれまで地上でも天上でも破天荒な所行をくり返して、世界にただとんでもない災いだけを引き起こしていたのが一転して、世界のために重要な寄与を果たす、偉大な神に変化を遂げているわけだが、『古事記』にはその前に、その目覚しい変化の兆しを示すと思われる、出来事があったことが物語られている。

高天原から追放されたあとにスサノヲは、空腹を覚えたので、まずオホゲツヒメという女神のところへ行って、食物を求めた。オホケツヒメとも呼ばれるこの女神は、「ケ」は「食物、食事」を意味するので食物の女神で、体の中にあらゆる種類の食べものを無尽蔵に持っていた。それでスサノヲの求めに応じて、さっそく鼻と口と尻から、さまざまな種類の美味しいものを出し、いろいろに料理し盛りつけてスサノヲに差し上げた。ところがスサノヲはオホゲツヒメがしていることをのぞき見していたので、体から排出した汚物を自分に食べさせようとしていると思い、怒ってこの女神を殺してしまった。そうすると殺された女神の体の諸処から、それまで世界に無かったいろいろなものが発生した。死体の頭からは蚕（かいこ）が、両目からは稲が、両耳からは粟が、鼻からは小豆が、陰部からは麦が、尻からは大豆が生じたので、それらを天上にいるカムムスヒという偉い神が取ってこさせて、種にしたという。そのことはこう物語られている。

また食物《をしもの》を大気津比売神《おほけつひめ》に乞ひき。ここに大気津比売、鼻口また尻より、種々の味物《ためつもの》を取り出して、種々作り具へて進《たてまつ》るときに、速須佐之男命、その態《しわざ》を立ち伺《うかが》ひて、穢汚《けが》して奉進《たてまつ》るとおもひて、すなわちその大宜津比売神《おほげつひめ》を殺しき。故《かれ》、殺さえし神の身に生《な》れる物は、頭に蚕《かひこ》生り、二つの目に稲種生り、二つの耳に粟生り、鼻に小豆生り、陰《ほと》に麦生り、尻に大豆生りき。故《かれ》ここに神産巣日の御祖命《みおやのみこと》、これを取らしめて、種と成しき。

この話でスサノヲに食物を求められたオホゲツヒメはすぐに、体内に食べものを持っていたこの女神にできた唯一のやり方で、その要求に応じた。そして「種々の味物を取り出して、種々作り具えて進る」と言われているような、誠意のこもった仕方で、ふんだんな御馳走を整えて、スサノヲを持て成そうとした。ところが彼女が体の穴から食べものを出すのをのぞき見していたスサノヲは、汚いと思い、激しい怒りに我を忘れて、彼女がそのように振る舞ったわけも尋ねずに、彼に善意しか持っていなかったことが明らかなこの女神を、やにわに殺害した。つまり彼はこのときもとっさの衝動に駆られ、見境いなく理不尽な乱暴を働いたので、この行動はこのときまで彼が地上と天上でくり返してきた所行のくり返しであるように見える。

だがそれにもかかわらずこのオホゲツヒメの殺害には、それまでスサノヲがしてきた乱暴と、大きく違っている点がある。彼がそれまでした所行は見てきたように、世界にただひどい災いしか起こさなかった。だがオホゲツヒメを殺害したことで彼は見たように、蚕と五穀を発生させた。そしてそれらがカムムスヒによって天上で種にされたことで、穀類の種を植え蚕を飼って絹糸を得る、作物の栽培と養蚕が可能になったとされているからだ。

このことでこのときのスサノヲの行動は、相変わらず衝動的な乱暴だったが、世界と人間に大きな利益となる結果に結びついた。その意味でこのオホゲツヒメの殺害を契機にして、それまでただ害することしかしなかったスサノヲが、世界を裨益する神に一変する、その変化の過程が緒についたと思われるわけだ。

（5）ヤマタノヲロチ退治の偉業

『古事記』によればこの事件のあとで、肥の河上の鳥髪《とりかみ》という地に降りたスサノヲは、そこで箸が河を流れ下って来るのを見た。それで上流にだれかが住んでいるのに違いないと思って、流れを遡って行くと、老翁と老女が若い娘を中に置いて泣いていた。「だれか」と尋ねると老翁は、「自分は国つ神のオホヤマツミの息子のアシナヅチ、老女は妻のテナヅチで、娘は自分たちの子のクシナダヒメです」と、答えた。「泣いているのはなぜか」と聞くと、「自分たちにはもとは八人の娘がいましたが、それを高志のヤマタノヲロチが毎年やって来て一人ずつ食べてしまい、今またそのヲロチが最後に残ったこの末娘を食べにやって来る時になったので、泣いているのです」と、返答した。それで「そのヤマタノヲロチは、どのような形をしているのか」と尋ねると、アシナヅチは、「目はまっ赤で、一つの体に八つの頭と八つの尾があり、体にはこけや檜や杉が生え、身の丈は谷八つと山八つにわたっていて、腹からはいつも血が垂れてただれています」と、説明した。

スサノヲがそこで、「娘を自分の妻にくれるか」と尋ねると、アシナヅチは、「恐れ多いお話ですが、私どもはまだあなたさまのお名前も存じ上げません」と言った。そうするとスサノヲは、「自分はアマテラス大御神の弟で。いま天から降りて来た」と言ったので、それを聞いたアシナヅチとテナヅチはかしこまって、「恐れ多いことです。娘をさし上げます」と言った。それでスサノヲは、娘を櫛に変えて、その櫛を角髪《みずら》（頭頂で分け、耳のわきで輪を作って束ねた髪）に刺してから、アシナヅチとテナヅチにこう命令した。

「お前たちは八度くり返し醸造して強い酒を造り、また垣を作りめぐらして、その垣に八つの門を作り、その門ごとに八つの台を設け、その台ごとに酒を入れる容器を置き、その容器ごとに八度くり返し醸造した酒をいっぱい入れて、待っていなさい」。

それで言われた通りの準備を整えて待っていると、そこにヤマタノヲロチがやって来て、容器の一つ一つに自分の頭を一つずつ垂らし入れて酒をがぶがぶ飲み、酔っぱらって突っ伏して眠ってしまった。スサノヲはそこで出て行って、腰に帯びていた十拳《とつか》の剣を抜いて、その蛇をずたずたに切り散らしたところ、夥しい量の血が迸って、そのために肥の河が血の河になって流れたという。

蛇を切り刻んだあいだに、八本あったこの怪物の尾の一つを切ったときに、スサノヲの剣の刃が欠けた。それで不思議に思って、剣の切っ先を刺してその尾を割いてみると、中から見事な大刀が出てきた。スサノヲはそれでそれを取り上げ、希有なものだと思って、アマテラス大御神にそのことを申し上げて献上した。それでこの大刀が、後にヤタの鏡とヤサカニの曲玉と共に、皇室の三種の神器の一つである、クサナギの剣になったのだという。そのことは、こう語られている。

故、その中の尾を切りたまひし時、御刀《みはかし》の刃毀けき。ここに怪しと思ほして、御刀の前《さき》もちて刺し割《さ》きて見たまへば、都牟刈《つむがり》の大刀ありき。故、この大刀を取りて、異《あや》しき物と思ほして、天照大御神に白し上げたまひき。こは草薙の大刀なり。

このヤマタノヲロチ退治の話で何よりも目立つことは、その中でスサノヲが、それまで地上と天上で続けてきた行状のあり方を、まさにがらりと一変させて、終始一貫してきわめて理性的で思慮深い振る舞いをしたとされていることだ。誕生してからこの方、スサノヲは見てきたように、下界でも天上でも、その時々の衝動に駆られて、思慮を働かせることなどいっさいせずに、理不尽きわまりない振る舞いに耽ることをくり返してきた。それがヤマタノヲロチ退治に当たっては彼は、ただ力だけで立ち向かっても倒すことが困難だと思われた。この途方もない強敵に対して、やたらに蛮勇を振るうことはせずに、相手を無力化してしまうやり方を、敵の異様な形状に合わせて、巧妙に考案した。そして細かいところまで、周到で的確な指示をして、その準備を整えさせておいて、仕掛けた罠に相手がまんまと嵌ったところに出て行って、戦うこともせずに苦もなく敵を殺戮した。つまりこの輝かしい武勲を彼は、持ち前の膂力ででではなく知恵を働かせて、見事に達成したことになっているわけだ。

思慮に基づいて行動することを、スサノヲは鳥髪に降りてすぐに始めていた。箸が流れ下ってくるのを見て彼は、上流に住む者がいることを察知した。そしてこの思量に従って、河の流れを遡って行って、思惑の通りにアシナヅチとその妻と娘に会ったとされているからだ。

このように天から追放されて鳥髪に降りた時点でスサノヲは、それまでしてきたように衝動に駆られて無分別な所行に耽ることをまったく止め、まず慎重に思慮を働かせてから、それに基づいて行動することを始めた。そしてヤマタノヲロチに対しては、この難敵を斃すのにこの上なく適切だった方法を、自身が綿密に立案し、それを実施して見事に怪物を仕留め、戦神として輝かしい偉業を成し遂げたことになっているわけだ。

スサノヲがこのような変化を遂げたことで、それまではただ破壊的な暴力として発揮されて、世界に害だけをしていた彼の猛烈な怪力は、一転して武力として、世界に不可欠の貢献をすることになった。そしてそれまでは世界にとって、自身が最大の災いだった彼がヲロチを退治することで、逆に世界から災いを取り除く働きをした。つまり高天の原を追放されて地上に降りたスサノヲは、そこでそれまで無謀きわまりない暴力神だったのがまさに一転して、優れた思慮分別を持つ英雄的戦神へと、鮮やかと言うほかない変化を遂げたわけだ。

（6）姉神アマテラスへの思い

だがこのような大変化を遂げたあとも、スサノヲの内奥には、かわっていないものがあった。それは姉神アマテラスへの、強烈な思いだった。

クシナダヒメを妻にもらい受けたいと申し入れて、アシナヅチに「恐けれども御名を覚《し》らず」と言われたときには、スサノヲは見たように、尋ねられた自分の名前を名乗らずに、その代わりに「吾は天照大御神の同母弟《いろせ》なり。故《かれ》今、天より降りましつ」と宣言した。この問答からこのときにスサノヲが、自分が何者であるか知らせるために肝心なのは彼の名前ではなく、彼がアマテラスのだれよりも近しい弟で、つい先ほどまでこの大御神といっしょに天にいたという事実だと思っていたことが、はっきりと知られる。つまり天から放逐され、アマテラスと二度と再び会うことができなくなったこのときにもスサノヲはなお、自分にとって何より大切なのはアマテラスとのつながりだと、一途に思い続けていたわけだ。

だから退治したヤマタノヲロチの尾の中から、『古事記』では「都牟刈《つむがり》の大刀」と呼ばれている霊妙な剣を発見するとスサノヲは、それを見つける過程で見たように、刃が毀損したと言われている彼の剣に代わる、自身の武器にしようとは考えずに、三種の神器の一つのクサナギの剣になるこの神剣を、迷わずにアマテラスに献上したのだと思われる。三種の神器は言うまでもなく、それを保持することがこの国の正当な統治者のしるしとなる、あらたかな聖宝にほかならない。地上に跳梁していた怪物を退治し、その体内からその神器の一つである、剣を手に入れたというのだから、スサノヲはそれを自分の持ち物にすれば、ヲロチに代わって彼自身が、地上を支配することができたのだと思われる。それなのにそうはせずにその神剣を、惜しげもなくアマテラスに献上したというのだから、そのことで彼は明らかに、自分のものになりかけていた地上の統治者の地位を自分から放棄したことになっているのだと思われるわけだ。

事実このあとスサノヲは、ヤマタノヲロチの餌食にされようとしていたのを、見たようにして父母のアシナヅチとテナヅチから妻にもらい受けて命を助けた、クシナダヒメと同棲するための宮を建てる場所を探して、出雲を旅し、須賀（『日本書紀』では清地）というところに来て、『古事記』によれば、「吾此地に来て、我が御心すがすがし」と言った。そしてその土地から雲が盛んにわき立つのを見て

八雲立つ　出雲八重垣　妻籠みに　八垣作る　その八重垣を

という、和歌の嚆矢となった歌を詠んで、そこに宮を作り、クシナダヒメと住んで、ヤシマジヌミというオホクニヌシの先祖の神（オホクニヌシはこの神の五世の孫とされる）の父親になったとされている。『日本書紀』神代第七段の本文にはオホアナムヂ（＝オホクニヌシ）は、スサノヲと彼が妻にした、ここではクシイナダヒメと呼ばれている、アシナヅチとテナヅチの娘の女神のあいだに生まれた息子だったとも言われている。

ともかくこの結婚にもかかわらずスサノヲは、長く地上に留まってそこを支配することはせずに、けっきょく根の国へ去ったとされ、『日本書紀』本文にはそのことが、「已《すで》にして素戔鳴尊、遂に根国に就《い》でましぬ」と記されている。

このようにヤマタノヲロチを退治したところでスサノヲは、彼のものとなるところだった支配者の地位を、女神への強い思いの所為で手放したことになっているわけだが、これとよく似たことは、スサノヲに前にも起こっている。彼は見たように生まれてすぐに父のイザナキから、海または天下を支配するようにという任命を受けた。そしてこのときも彼は、自分が母に見なしたイザナミを慕って泣くことしかできなかったために父神が彼に託そうとした支配者の任務を、果たせなかったとされているからだ。

彼がこのように誕生のあと、「啼きいさち」を続けていたあいだ取り付かれていたイザナミへの猛烈な思慕には、そのあとに彼が衝き動かされることになった、姉神アマテラスへの思いと、明らかに吻合するところがある。天でひどい乱暴を働いたあいだもスサノヲは、アマテラスに対してけっして害意を持っていなかった。そのあいだ彼を駆り立てていたのは、ひたすら姉神を慕わしく思う心だった。そのことは、スサノヲが天に昇って来て、彼とアマテラスとのあいだにすぐに起こったことが物語られている事件によって、はっきりとした証明がされていると思われる。

スサノヲが天に昇って行ったときの模様は『古事記』には、「すなはち天に参上《まゐのぼ》る時、山川悉《ことごと》く動《とよ》み、国土《くにつち》皆震《ゆ》りき」と言われ、『日本書紀』神代第六段の本文には、「はじめに素戔嗚尊、天に昇ります時、冥勃《おほきうみ》以《も》て鼓《とどろ》き盪《ただよ》ひ、山岳《やまをか》為に鳴り呴《ほ》えき」と描写されている。それでこのように大地も川や海も激しく揺れて、鳴動する凄じい物音を聞いてアマテラスはてっきり、乱暴な弟神が自分が支配している高天の原を、奪い取ろうとして来るのだと思いこんだ。そして勇ましく厳重な武装をしてスサノヲを迎えて、『古事記』によれば、「何故《なにしかも》上《のぼ》り来つる」と言って、激しく詰問した。そうするとスサノヲは、自分は父のイザナキを怒らせて、「汝はこの国に在るべからず」と言われて、追放されてしまった。それでその事情をアマテラスに説明して、暇乞いをしたいと思って来たので、邪心は何も持っていない、と言って釈明した。それでアマテラスが、ではどうすれば彼の心に悪意がなく、潔白だということが分かるのかと尋ねると、スサノヲは「各《おのおの》誓《うけ》ひて子生まむ」と言った。

つまりたがいの心のあり方が分かる子を生まれさせるという「誓約《うけひ》」を交わした上で、アマテラスとスサノヲがそれぞれの子を誕生させようと提案したわけだ。それでアマテラスもそのことに承知をし、両神は天の安の河の両岸に向かい合って立って、たがいの子を生まれさせるための持ち物を交換して、それから子を出生させた。まずアマテラスがスサノヲの剣をもらい、三段に折ってそれから三柱の女神たちを誕生させた。そのあとでスサノヲがアマテラスから、頭と左右の角髪と両腕にまきつけていた、曲玉を緒に通した五連の飾りを次々に受け取って、それから五柱の男神たちを生まれさせた。それからアマテラスは、あとから生まれた男の子たちは、彼女の所有物から生まれたのだから、当然アマテラスの子で、その前に生まれた女の子たちは、スサノヲの所有物から生まれたのだから彼の子だと言って、誕生した子どもたちを、スサノヲとのあいだに分けた。

そうするとスサノヲは、「我が心清く明《あか》し、故、我が生める子は手弱女《たわやめ》を得つ。これにより て言《まを》さば、自《おのづか》ら我勝ちぬ」と言った。そしてそのあとでアマテラスに対して、見たような乱暴を働いたのだと物語られている。

『古事記』のこの叙述によれば、スサノヲは荒々しい男神だがこのときには、彼が主張したとおりに、アマテラスをひたすら慕わしく思う、優しい心を持っていた。それで雄々しい男神であるスサノヲの、戦闘の用具の剣から生まれたのに、彼の子は優しい手弱女の女神たちだった。他方アマテラスは、本来は徹底して情深い女神であるのに、このときは高天の原を理不尽な攻撃から、戦ってでも守ろうと決心し、雄々しい心を持ってスサノヲに立ち向かっていた。それでこのときは男らしかったその心のあり様が反映して、優しい女神の身の飾りの曲玉から生まれたのに、彼女の子は男神たちだったことになっているのだと思われる。

つまりこれによればスサノヲは確かに高天の原で、アマテラスに対してさんざんひどい乱暴をした。だがそのときに彼が姉神に対して、何の害意も持っていなかったことは、その所行の前に彼が天に昇って来てすぐにアマテラスとした、「誓約」による子産みの結果によって、予めはっきりした証明がされていたことになっているわけだ。

(7)「誓約」による子産みの神話の問題点

ただこの「誓約」による子産みの神話には、一つ重大な問題がある。右の『古事記』の話と違って、『日本書紀』には本文とすべての一書に共通して、「誓約」による子産みをしたときにスサノヲは、自分の子として女神を産んだのではなく、男神を出生させた。そしてそのことによって自分に、アマテラスに対する邪心の無いことを、証明したのだと物語られている。

だが卑見によればこの話の本来の筋は、『古事記』により正しく伝えられており、『日本書紀』ではその神話のもとの形に、明らかに無理と思われる、重大な変更が加えられている。日本神話の肝心要の眼目は言うまでもなく、天孫として降臨して皇室の始祖になったホノニニギの命が、アマテラス大御神の嫡孫で、従ってアマテラスこそが皇室の祖先の神であると、闡明することにある。ホノニニギの父のオシホミミの命は、アマテラスとスサノヲの「誓約」による子産みによって誕生した、五柱（『日本書紀』神代第六段一書第三および神代第七段一書第三によれば六柱）の男神たちの中の長子（神代第六段の一書第二によれば第二子）にほかならない。それだからもしこのオシホミミを含むこのときに生まれた男神たちが、スサノヲの子だったのであれば、アマテラスではなくスサノヲが、皇室の祖先であることになってしまう。

『日本書紀』神代第六段の本文によれば、スサノヲがすでに見たようにして猛烈な地震を起こしながら昇ってくる、凄じい物音を聞いて、びっくりしたアマテラスはてっきり、乱暴な弟が自分から高天の原を奪おうとしてやってくるのに違いないと思った。そして「吾が弟《なせのみこと》の来ることは、豈《あに》善き意《こころ》を以てせむや。謂《おも》ふに、当に国を奪はむとする志有《こころざしあ》りてか。夫れ父母《かぞいろはのみこと》、既に諸の子《みこたち》に任《ことよ》させたまひて各《おのおの》其の境を有《たも》たしむ。如何《いかに》ぞ就《ゆ》くべき国を棄て置きて、敢へて此の処を窺窬《うかが》ふや」と言って、厳重に武装して出迎えて、「稜威《いつ》の雄誥《をたけび》を奮はし、稜威の嘖譲《ころひ》を発《おこ》して、徑《ただ》に詰《なじ》り問ひたまひき」と言われているように、激しい叫び声をあげてスサノヲを難詰した。そうするとスサノヲはこう言って、自分はただ親神の厳命によって根の国に永久に行ってしまわねばならなくなったので、その前にどうしても姉神と会って別れを告げたいと思い、遠路を厭わずにはるばるやって来たので、そのことで姉がそのように怒るとは思いもよらなかったと、懸命に釈明した。

吾は元《はじめより》黒《きたな》き心無し。唯し父母已に厳しき勅有りて、永《ひたぶる》に根国に就りなむとす。如《も》し姉《なねのみこと》と相見《あひまみ》えずば、吾何《いかに》ぞ能く敢へて去《まか》らむ。是を以て、雲霧を跋渉《ふ》み、遠くより来参《まうき》つ。思はず、阿姉《なねのみこと》翻《かへ》りて起厳顔《いか》りたまはむといふことを。

そしてアマテラスがそれに対して、「若《も》し然らば、将に何を以てか爾《いまし》が赤《あか》き心を明さむ」と言って、「もしそうなら、どうやって彼の心が潔白であると証明するのか」と尋ねると、こう答えた。

請ふ、姉《なねのみこと》と共に誓《うけ》はむ。夫れ誓約《うけひ》の中《みなか》に必ず当に子を生むべし。如《も》し吾が所生《う》めらむ。是女《たをやめ》ならば、濁《きたな》き心有りと以為《おもほ》せ。若し是男《ますらを》ならば、清き心有りと以為せ。

このようにこの所伝によれば、「誓約」による子産みに当たってスサノヲは確かに、自分がもし男の子を産めば心が潔白であることが、女の子を産めば心が汚いことが明らかになると、宣言していたとされているわけだ。

ところがこの『日本書紀』本文の記事にはそのあとになんと、われわれが『古事記』に語られているのをすでに見た通りの出来事が続いたことが記されているのだ。つまり『古事記』におけるのと同様に、アマテラスがまずスサノヲから十握《とつか》の剣をもらい受け、三段に折ってそれから三柱の女神たちを誕生させた。それからそのあとにスサノヲがアマテラスから、頭髪と角髪と腕にまきつけていた、「八坂瓊《やさかに》の五百箇《いほつ》の御統《みすまる》」つまり曲玉を緒に通した飾りをもらい受けて、それらからオシホミミを長子とする五柱の男神たちを出生させたことが物語られている。そしてそのあとアマテラスは、「其の物根《ものざね》を原《たづ》ぬれば、八坂瓊の五百箇の御統は、是吾が物なり」と言って、「乃ち取りて子養《ひた》したまふ」と言われているように、自身の持物の曲玉の飾りから生まれた男神たちを、自分の子として取り上げて育てた。それから「其の十握剣は、是素戔嗚命の物なり。故、此の三《みはしら》の女神《ひめかみ》は、悉に是爾《いまし》が児なり」と言って、「便ち素戔嗚尊に授けたまふ」と言われているように、スサノヲの剣から生まれた女神たちは、スサノヲの持物から生まれたのだから彼の子だと言って、スサノヲに引き渡したとされている。

つまり「誓約」による子産みのあとでアマテラスは、『古事記』に言われているのとまったく同様に、自分の曲玉の飾りから生まれた男神たちは自分の子で、スサノヲの剣から生まれた女神たちはスサノヲの子だと明言して、それぞれの子を分けたとされているわけだ。男神たちがもとはスサノヲが産んだ彼の子だったと認めた上で、その男神たちをスサノヲからもらい受けて自分の子にしたいということは、まったく語られていない。

このようにこの『日本書紀』本文の記述に素直に従えば、『古事記』に言われているまさにその通りに、「誓約」による子産みでアマテラスがスサノヲの剣から誕生させた女神たちは、本来的にスサノヲの子で、スサノヲがアマテラスの曲玉の飾りから生まれさせた男神たちは、もともとアマテラスの子だったことになる。つまりスサノヲは、「吾が所生《う》めらむ、是女ならば、濁き心有りと以為《おもは》せ。若し是男ならば、清き心有りと以為せ。」と宣言した上で、「誓約」による子産みをして、その子産みで男ではなく女を自分の子として誕生させたことになるので、それでは彼はこの子産みによって、自分がアマテラスに対して「清き心」ではなく。「濁き心」を持って天に昇って来たことを、曝け出してしまったことになると言わざるを得ない。

このようにこの『日本書紀』本文の記事には、スサノヲが「自分がもし男神を自分の子として誕生させれば、アマテラスに対する心の潔白が証明される」と言って、アマテラスに「誓約」による子産みを提案したという記述と、その子産みでアマテラスが自分の子として男神ではなく女神を誕生させたという話のあいだに、明瞭な撞着が見られる。全体の話が、首尾一貫した筋になっていないことが明らかと思われるわけだ。

このような本文の記述とは違って『日本書紀』の一書には、スサノヲが「誓約」による子産みで男神を自分の子として誕生させて、アマテラスに邪心を持っていないことを証明したということが、はっきりと語られている。一書の第一によれば、「弟《なせのみこと》の来ませる所以《ゆえ》は、是善き意《こころ》には非じ。必ず当に我が天原を奪はむとならむ」と思い、厳重に武装をして彼が昇って来るのを出迎えたアマテラスに対してスサノヲは「吾元より悪《きたな》き心無し。唯姉《なねのみこと》と相見えむと欲《おも》ひて、只暫《あからさま》に来つらくのみ」と言って釈明した。そうするとアマテラスはスサノヲと向かい合って立って、「若し汝が心明浄《きよ》くして、凌《しの》ぎ奪はむといふ意《こころ》有らぬものならば、汝が生さ《な》む児は、必ず当に男《ますらを》ならむ」と言って、自分の方からスサノヲに「誓約」による子産みをすることを提案し、すぐに自身が身に帯びていた十握の剣と九握の剣と八握の剣から、次々に三柱の女神たちを誕生させた。そうするとそれに続いてスサノヲが、自分の首に掛けていた曲玉の飾りから、オシホミミをはじめとする五柱の男神たちを生まれさせた。それでアマテラスに、スサノヲの心が本当に潔白であることが分かったのだとされ、そのことが「是に、日神、方《まさ》に素戔嗚尊の、固《まこと》に悪しき意《こころ》無きことを知しめて」と言われている。

一書第二によればスサノヲが天に昇ろうとしたときに、ハカルタマという神が途中で出迎えて彼に、美しい曲玉を献上した。それでスサノヲはその曲玉を持って天上に行き、戦いの準備をして彼を迎えたアマテラスに、「自分はただ姉と会いたいと念願し、また珍しい宝の曲玉を献上したいと思って参上したので、他意はまったく無い」と弁明し、アマテラスが「汝が言の虚実《いつはりまこと》、将に何を以てか験《しるし》とせむ」と尋ねると、こう返答した。

請ふ、吾と姉《なねのみこと》と、共に誓約《うけひ》立てむ。誓約の間《みなか》に、女《たをやめ》を生《な》さば、黒《きたな》き心ありと為《おもほ》せ。男《ますらを》を生《な》さば、赤《きよ》き心ありと為せ。

それからアマテラスはスサノヲに、「吾が所帯《はか》せる剣を以て、今当に汝に奉らむ。汝は汝が持たる八坂瓊の曲玉を、予に授《く》れよ」と言って、自分で帯びていた剣をスサノヲに授け、スサノヲから彼が携えて来た曲玉をもらい受けて、自分がまずその曲玉から三柱の女神たちを出産させた。そうするとそのあとにスサノヲが、アマテラスから受け取った剣から、五柱の男神たちを生まれさせたのだと物語られている。

これらの一書の記述にはこのように、剣と曲玉のどちらからアマテラスの子の女神たちが誕生し、どちらからスサノヲの子の男神たちが生まれたかということでは、齟齬が見られる。だがともかくスサノヲが、「誓約」による子産みで自身の子として男神たちを出生させた。そしてそのことでアマテラスに対する心の潔白を証明したのだということは、どちらの所伝にもはっきり述べられている。

だがそうすると前にも述べたようにスサノヲは本来は、「誓約」による子産みで生まれた男神のオシホミミの父親だったことになる、それでそのオシホミミの子のホノニニギはスサノヲの孫で、従ってアマテラスではなくスサノヲが、そのホノニニギを地上での始祖とする皇室のもともとの祖先神だということになってしまう。これは前にも見たように日本神話の趣意と、もっとも枢要な点で矛盾することになると言わざるをえない。

一書の第三には、なぜもとはスサノヲの子だったオシホミミらの男神たちが、アマテラスの子にされたかということの説明がされている。それによるとアマテラスは「誓約」による子産みをするに当たって、予めスサノヲに、「汝若し奸賊《あたな》ふ心有らざるものならば、汝が生めらむ子、必ず男《をのこ》ならむ。如《も》し男を生まば、予以《われ》て子として、天原《あまのはら》を治らしめむ」と、言い渡していた。それでアマテラスがまず自身の十握の剣と九握の剣と八握の剣から、三柱の女神たちを出生させたあとに、スサノヲが身に着けていた曲玉の飾りから、次々にオシホミミら六柱の男神たちを生まれさせると、アマテラスはスサノヲの心がもともと潔白だったことを知って、前もって宣言していた通り、弟神が誕生させた男神たちを引き取って自分の子にして、高天の原を統治させることにしたのだとされ、そのことは、「故、日神、方《まさ》に素戔鳴尊の、元《はじめ》より赤き心有ることを知しめして、便ち其の六《むはしら》の男《ひこがみ》を取りて、日神の子として、天原《あまのはら》を治しむ」と、言われている。

だがこの説明は、その後に語られている神話の内容とは、明瞭に背馳している。オシホミミらの男神たちがアマテラスの子とされた後に、ここで「天原を治しむ」と言われているように、高天の原の統治者の役を務めさせられたということは、神話のどこにも語られていないからだ。

（8）姉神を母と慕ったスサノヲ

『古事記』の話とのあいだに見てきたような違いはあるが、ともかく『日本書紀』の本文と一書でも、スサノヲがアマテラスに悪意を持たず、ただひたすら姉神への思慕に駆られて、天に昇って来たことはこのように、高天の原に到達して彼がまずアマテラスとした「誓約」による子産みの結果、はっきりと証明されていたことになっているわけだ。だからこの子産みのあとで、彼は天上でアマテラスに対して、見てきたようなひどい乱暴をしたことを物語られているが、それらの所行は確かに理不尽だが、けっして姉神への悪意から為されたのではなかったことが、明らかだと思われる。

それではスサノヲはいったいなぜ、アマテラスをただひたすら慕わしく思う心を持って天に昇って来たのに、その高天の原で姉神に対して、乱暴の限りを尽くしたことになっているのだろうか。天に昇るより前にはスサノヲは見たように、自分に実際にはいない母に見立てたイザナミへの猛烈な思慕に取り付かれて、「啼きいさち」をした。だが死んで黄泉つ大神になって、地上の死者の国にいるイザナミは、彼女との夫婦生活を続けたいという願いに駆られて、その黄泉の国まではるばる迎えに行ったイザナキでも、一目見てたちまち怖気に取り付かれて、まっしぐらに逃げ出さずにいられなかったほど凄惨な死の女神に成り果ててしまっている。イザナキが黄泉の国で見た彼女の本体は、『古事記』に「蛆たかれころろきて、頭には大雷《おほいかづち》居り、胸には火雷《ほのいかづち》居り、腹には黒《くろ》雷居り、陰《ほと》には拆《さき》雷居り、左の手には若《わか》雷居り、右の手には土《つち》雷居り、左の足には鳴《なり》雷居り、右の足には伏《ふし》雷居り、併《あは》せて八はしらの雷神成り居りき」と、描写されている。つまり腐爛した体に蛆がうようよ涌いて、むらがって音を立てて蠢いており、その体の諸処から、恐ろしい雷神たちが生じていたというのだ。スサノヲがいくら、「妣の国根の堅州国に罷らむ」、また「母に根国に従はむ」と言って、地下界に行っても、黄泉つ大神のイザナミはそこで彼が、母としてその慈愛に甘えることのできる存在ではなかった。『古事記』には見るように、けっきょく根の堅州国に住むことになったスサノヲが、そこでしていた暮らしのことが物語られているが、スサノヲがそこでイザナミと何か触れ合いを持ったということは、まったく語られていない。

高天の原に昇って行ったときにはスサノヲは、それまで「啼きいさち」のあいだひたすらイザナミに向けていたが、そのイザナミによってはけっして満たされることはありえなかった「母への思い」を、一転して天にいるアマテラスを慕うことで、今度はこの姉神に投影した。つまりこのとき彼が願っていたのは、アマテラスに自分にいない母の代わりになってもらって、イザナミとはどんなに渇望しても持つことのできなかった、慈母とのつながりを姉神とのあいだで味わい、その甘美さに浸ることだったと思われるわけだ。

それだからこそ彼は、天に来てまずアマテラスに、それぞれの所有物からおたがいの子を産んでみることを、提案したのだと思える。なぜならこの「誓約」による子産みによって、彼は見たように、自分がアマテラスに対して何の害意も持っていないことを証明する一方で、アマテラスを処女のままで、皇祖神のオシホミミを含む男神たちの母神にした。そのことでアマテラスは、不易の本性である処女の純潔を十全に保持したままで、それまで処女神の彼女に欠けていた、母の性質を持つことになったからだ。

しかもそのアマテラスが持つことになった母性は、スサノヲが願望していたと思われるまさにその通りに、溢れる慈愛に満ち満ちたものだった。このときに生まれた皇祖神のアカツともいうオシホミミをアマテラスは、異常と思われるほど溺愛して育てたとされている。その有様は『古語拾遺』に、「是を以て、天照大神、吾勝尊を育てたまひて、特甚《おぎろ》に愛《いつくしみ》を鍾《あつ》めたまふ。常に腋の下に懐《いだ》きたまふ。称《なづ》けて腋子《わきご》と曰ふ」と、記されている。つまりアマテラスは、アカツつまりオシホミミが可愛くてたまらずに、いつも腋の下に抱いて自分の肌から離さずに、鍾愛の限りを尽くして育てたというのだ。

このように「誓約」による子産みによってアマテラスを、慈愛の溢れる母神にすることに成功したあとに、スサノヲが願ったのは、そのアマテラスが持つことになった母の慈愛に、自身がひたぶるに浸り、姉神とのあいだに、母とその愛に甘える子の関係を持つことだった。彼がアマテラスに対してした乱暴は明らかに、このような思いに駆られてされたことだった。母の愛に甘えようとする児は、母の注意がすべて自分だけに向けられることを願って止まない。母が自分とは他の事柄に目を向け、それに関心を集中するのを見ると、甘えっ児はそれで駄々っ児になる。そして母のしていることを邪魔する悪戯をして、母の心を自分に引きつけようとする。

天上で田を営み、その田で収穫される新穀を、自身が召し上がる祭りのために祭場を整え、またその祭りに必要な神の衣を準備することは言うまでもなく、アマテラスが高天の原の支配者として、何を差し措いても精励せねばならぬ要務だった。それでそれらのことはスサノヲには当然、姉神の関心を自分から奪うので、アマテラスの慈しみにひたぶるに甘えていたいという、彼の切願の成就を妨げる、もっとも重大な障害と感じられた。だからそれらの障害を何としても取り除いて、姉神の心を自分だけに向けさせようとして、スサノヲは躍起になって田を荒らし、祭場を汚したのだと思われる。

これらの悪戯をアマテラスが無理に言い繕って、咎めもせずに許してくれたことでスサノヲは姉神とのあいだに、ひどい悪戯をして母を困らせる駄々っ児と、その悪戯でどんな迷惑を受けても、叱らずに大目に見てやろうとする慈母の関係を結ぶことができ、有頂天になったのだと思われる。悪戯をして母に許されると、駄々っ児は喜びはしても、それで悪事を止めることはけっしてない。さらにひどいことをして、それも許してもらうことで、自分を甘やかしてくれる母の慈愛がどこまで大きいかを、確かめようとする。

アマテラスに甘やかされたことでスサノヲもそれで、悪戯を止めずにかえってますます高じさせてしまい、しまいに彼の暴挙の所為で『古事記』によれば服織女が惨死するという、アマテラスの逆鱗に触れる事件を起こしてしまった。アマテラスがその優しさと慈悲深さの所為で、殺害だけはどうしても許容できぬ性質を持つことは、『日本書紀』神代第五段の一書第十一の中でも、はっきりと物語られている。この一書の所伝によればアマテラスとツクヨミはイザナキから、「天照大神は、高天之原御《しら》すべし。月夜見尊は、日《ひ》に配《なら》べて天の事を知すべし」と、命じられていた。つまりツクヨミはもとは太陽のアマテラスと別れて、夜だけ空に出るのではなく、太陽と並んで出ていっしょに天を支配していたことになっているわけだ。天上でアマテラスは、傍らにいるツクヨミに、「葦原中国に保食神《うけもちかみ》有りと聞く。爾《いまし》、月夜見尊、就《ゆ》きて候《み》よ」と言った。つまり地上にウケモチという神がいると聞いているので、行ってその神の様子を見てくるように、ツクヨミに依頼したというのだ。ツクヨミはそれで言われた通り地上に降りて行って、ウケモチのもとを訪問した。

ウケモチの名の中の「ウケ」は、前に見たオホケツヒメの名の中の「ケ」と同義で、「食物」を意味する。ウケモチは「保食神」と書かれるその名前の通りに、食物を保持する神で、オホゲツヒメと同様に、体の中に食料を無尽蔵に持っていた。それで天からわざわざ尋ねて来てくれたツクヨミを持て成そうとして、まず顔を国の方に向けて、口からご飯をどっさり吐き出し、次に海の方を向いて口から大小の魚を出し、それから山の方を向いて口から肉の食べられる獣や鳥を出した。そしてそれらの種々の食物を美味しい料理に調えて多くの台の上に積み上げ、ツクヨミに御馳走しようとした。

そうするとツクヨミは、怒って顔をまっ赤にして、「なんという汚らわしい、無礼なことをするのだ。口から吐き出したものを、食べさせようとするとは、何ごとか」と叫んで、剣を抜きウケモチを打ち殺してしまった。そしてそのあと天に帰って、そのことをくわしくアマテラスに報告した。そうするとアマテラスはそれを聞いて甚だしく立腹し、ツクヨミに「あなたは悪い神なので、これからは顔を会わせないことにする」と、言い渡した。それでそれまではいっしょに空に出ていた太陽と月が、このときから昼と夜の空に別々に出ることになったのだとされ、そのことは、こう物語られている。

是の時に、月夜見尊、忿然《いか》り作色《おもほてり》して曰はく、「汚穢《けがらは》しきかな、鄙《いや》しきかな、寧《いづく》にぞ口より吐《たぐ》れる物を以て、敢へて我に養ふべけむ」とのたまひて、廼ち剣を抜きて打ち殺しつ。然して後に、復命《かへりことまう》して、具《つぶさ》に其の事を言《まう》したまふ。時に天照大神、怒りますこと甚しくして曰はく、「汝は是悪しき神なり。相見じ」とのたまひて、乃ち月夜身尊と、一日一夜、隔て離れて住みたまふ。

この話でツクヨミは明らかに、自分が殺害を働いてきたことでアマテラスが、これほど劇烈に立腹するとは、まったく予想していなかったことになっているのだと思われる。だから彼は、「復命して、具に其の事を言したまふ」と言われているように、自分が地上でしてきたことを何も隠さずに、ありのままに詳しくアマテラスに物語ったとされているわけだ。その報告を聞いてアマテラスが「怒りますこと甚しくして」と言われているほど、それまで仲が睦じかった弟神の自分を嫌悪するようになったのは、ツクヨミにとっては本当に意想外の出来事だったのだと思われる。

『古事記』に物語られているように乱暴を高じさせた結果、ついに服織女を惨死させてしまったことでスサノヲはまさしく、この話からも分かるように殺害だけはどうしても我慢することができず、激越な反応をして嫌忌を示さずにいられないアマテラスの逆鱗に触れてしまった。それでアマテラスは『日本書紀』に見たように、「日神、恩親《このかみおとどむつま》しき意《みこころもち》にして、慍《とが》めたまはず、恨《うら》みたはまはず、皆平《たひらか》なる心《みこころ》を以て容《ゆる》したまふ」と言われているような、それまでスサノヲの悪行に対して取り続けてきた寛宏きわまりない態度を、がらりと一変させた。そして怒って、天の岩屋に隠れて、スサノヲとも他の天神たちとも関係を断ってしまった。つまりスサノヲは、自分と姉神とのあいだにそれまで成立していた、慈母とその慈愛に甘える駄々っ児の関係を、自身の極端な暴挙によって、しまいに打ち毀してしまった。そして見たように天の岩屋の事件が解決した後に、この忌わしい椿事を起こした張本の極悪の神として、天神たちみんなから糾弾されて、高天の原から放逐されたことになっているわけだ。

だがこの追放によってアマテラスとの触れ合いを断たれたあとも、スサノヲは見てきたように、姉神への強烈な思慕を止めはしなかった。それで無謀な暴力神が英雄的な戦神に変化してヤマタノヲロチを退治して、この怪物の体内から、地上の支配者のしるしとなる神剣を手に入れると、彼はその姉神への思いに駆られて、躊躇わずにそれを天に送ってアマテラスに献上した。そして自分はクシナダヒメと結婚し須賀に宮殿を建てても、そこに住んで地上を支配し続けることはせずに、かつてイザナキに「吾、今教を承りて、根国に就りなむとす」と言い、また高天の原を去るに当たってはアマテラスにも、「当に衆神《もろかみ》の意の随に、此より永に根国帰りなむ」と約束をしたとされている。その通りに根の国へ行った。そしてそこに留まることで、イザナキと天神たちから相次いで宣告された、罰に服していることになっているのだと思われる。

(9) スセリビメへの執心

このようにまず地上で、次に天上で世界に次々にひどい災禍を引き起こしていたあいだスサノヲは、まずかつての父の妻だったイザナミ、次には自分の姉のアマテラスという、自分と近しい関係にある大女神を、実際には自分にいない母のように看做しては、猛烈に慕うことを繰り返していた。根の国へ行っても彼がそこで、おぞましい死の女神の黄泉つ大神になっているイザナミとのあいだに、「啼きいさち」を続けていたあいだ夢中で願望して止まなかったような、母子の触れ合いを持ちえようはずがなかったことは、既に見た通りだ。それで根の国でスサノヲは、そのイザナミとは違う自分に近しい別の女神に、強い思いを寄せた。そしてその女神と懸命に離れずに、固着した関係を持ち続けようとしたことを物語られている。

根の国でスサノヲに起こったことは前述したように、『古事記』に物語られている。それによるとそこでは「根の堅州国」と呼ばれているこの地下界に彼は、スセリビメという娘神といっしょに住んでいたが、そこに彼の六世の子孫のオホクニヌシの神が来訪した。当時はオホアナムヂと呼ばれていたオホクニヌシには、「八十神」と呼ばれる大勢の異母兄たちがいたが、彼はこのときまでその八十神たちからひどい虐待を受けて、二度にわたって惨死させられ、そのたびに母神のサシクニワカヒメの尽力によって助けられ、生き返らせられていた。

最初には八十神はオホアナムヂを、山の麓に連れていき、この山にいる赤い猪を、自分たちが今からここに追い下ろすから、待っていて捕まえろと厳命し、捕まえ損えばお前を殺すぞと言って脅した。それから猪とそっくりの形をした大きな石を火でまっ赤に焼いて山の上から転がし落としたので、オホアナムヂはその焼石を赤い猪だと思い、捕えようとして石に焼きつかれて死んでしまった。

そうすると母神は泣きながら天に昇って行って、天神のカムムスヒにそのことを訴えた。カムムスヒはそれで、オホアナムヂを生き返らせるために、キサガヒ（赤貝）ヒメとウムガヒ（ハマグリ）ヒメという、二柱の貝の女神たちを派遣した。キサガヒヒメが自身の貝殻を削った粉を、ウムガヒヒメが受けて乳のような白い汁にして塗ると、オホアナムヂは全身の火傷が跡形もなく治って蘇生し、もと通りの美男になって、元気に歩きまわるようになったという。

そうすると八十神はまたオホアナムヂを騙して、彼を山の中へ連れて行った。そして大きな樹を切り倒し、くさびを打ちこみその樹に割れ目を開けておいて、その割れ目の中にオホアナムヂを入らせ、入ったとたんにくさびを抜いて彼を樹の中で打ち殺した。そうするとまた母神が泣きながら、いなくなった息子を探してまわり、見つけ出すと樹を割いて、中から取り出して生き返らせたという。

そのあとで母神はオホアナムヂを、まず木（紀伊）の国にいるオホヤビコという神のもとに逃げて行かせた。だが八十神は執念深くそこまで追って来て、彼を矢で射殺そうとした。それで母神は彼を、木の股をくぐり抜けさせて逃げさせ、それから「須佐能男命の坐します根の堅州国に参向《まゐむか》ふべし。必ずその大神、議りたまひなむ」と言ひ聞かせて、彼を祖先の大神スサノヲのもとに向かわせたのだとされている。

そうするとスサノヲの住居に到着した彼を、スセリビメが家から出て来て迎えた。そして「出で見て、目合《まぐはひ》して、相婚《あ》ひたまひて」と言われているように、彼を一目見てたちまち心を通わせ、目配せをしてその場ですぐ彼と夫婦の契りを結んだ。それから家に戻ってスサノヲに、「甚《いと》麗しき神来ましつ」と言って、自分を夢中にさせた美男子の神が来訪したことを報告した。そうするとスサノヲは出て来てオホアナムヂを見て、「こは葦原色許男《あしはらしこを》と謂ふぞ」と言ったとされている。

アシハラシコヲはオホクニヌシの別名の一つだが、その中の「シコ（『日本書紀』では「醜」と書かれている）」は、『岩波古語辞典』に説明されているように、「ごつごつして、いかつい」ことを形容する語で、「みにくい」という意味でも使われた。この名でスサノヲがオホアナムヂを呼んだのには、スセリビメが彼を「甚麗しき神」と言ったのを、否定する意味があったことが明らかかと思われる。

それからスサノヲは、オホアナムヂを家に呼び入れて、次々に苦難にあわせた。まずその夜は彼を、蛇のいっぱいいる「蛇の室」に寝かせた。そうすると妻になっているスセリビメが彼に、蛇を払う呪力のある「蛇の領布《ひれ》（女性が首に掛けた装身具の布）を与えて、「蛇が嚙もうとしたら、この領布を三度振って追い払いなさい」と教えてくれた。それで言われた通りにして蛇を静まらせ、安眠して無事に出て来ることができた。そうすると次の日の夜にはスサノヲは彼を、ムカデと蜂のいる室に入らせたが、オホアナムヂはまたスセリビメから、それらの毒虫を払う呪力のある「呉公蜂《むかではち》の領布」を与えられ、それを使ってその「呉公と蜂の室」でも安眠して出て来た。

するとスサノヲは次にはオホアナムヂを、外に連れ出した。そして広い野原の中に鏑矢を射こみ、それを取って来いと命じて、オホアナムヂを野に入らせておいて、まわりから激しく火を燃え上がらせた。オホアナムヂはそれで猛火に囲まれ、逃げ場が見つからずに焼け死にそうになったが、そこに鼠が出て来て、「内はほらほら、外はすぶすぶ」と言って、そこに入口はすぼまって狭いが、内部は広い地下の洞穴があることを教えてくれたので、地面を力いっぱい踏んでその穴の中に落ちこみ、火が上で燃えているあいだそこに避難していることができた。しかも鼠がスサノヲの鏑矢をくわえて来てくれたので、矢の羽は鼠の子たちによって食われてしまっていたが、オホアナムヂはその矢を、スサノヲのもとに持ち帰ることができた。

そのときにはスサノヲは、オホアナムヂがてっきり死んだと思って、野原に来て立っており、スセリビメも夫が死んだと思って、泣きながら葬式の用具を持って、そこに来ていた。そのことは、「ここにその妻須世理毘売は喪具《はふりつもの》を持ちて、哭きて来《き》、その父の大神は、已《みまか》に死りぬと思ひてその野に出で立ちたまひき」と言われている。つまりこのときスサノヲが、オホアナムヂを野原の中に入らせておいて、まわりから火を放ったのは、彼をはっきり殺そうとしてしたことだったわけだ。

スサノヲはこのように、根の堅州国でいっしょに住んでいた娘のスセリビメが、来訪したオホアナムヂの妻になって、自分から離れて行くことを、なんとしても阻止しようとして躍起になった。それでスセリビメが一目で魅了されたオホアナムヂの美しさを否定した上に、彼にひどい逆遇を加え、しまいには自分の助けを求めに地上からはるばるやって来た、この大切な子孫の神を殺そうとまでしたとされているわけだ。つまりまずイザナミ、次にアマテラスを猛烈に慕って止まなかったスサノヲは根の堅州国ではこの姫神に強烈な執心を持っていた。そしてあらゆる手段を尽してでも、自分との密着した関係を持ち続けさせようと、必死で努めたのだ。

(10) オホアナムヂへの託宣

だがそのスセリビメをオホアナムヂはけっきょく、スサノヲから離して地上に連れ帰った。鏑矢を持ち帰って来たオホアナムヂを、スサノヲはまた家に連れて戻って、今度は中が広い室になっている、建物の中に呼び入れた。そして自分の頭にたかっているシラミを取れと命令したが、オホアナムヂが見るとスサノヲの頭には、シラミではなくムカデがうようよしていた。そうするとスセリビメが、ムクの木の実と赤土を持って来て渡してくれた。それで彼はそれらを口に入れ、木の実を食い破っては、赤土といっしょに吐き出した。そうするとスサノヲは彼がてっきり、自分の血を吸ったムカデを噛み殺して吐き出していると思った。そして「心に愛《は》しく思ひて寝ましき」と、言われている。つまりスサノヲは、それまで敵視して殺そうとまでしたオホアナムヂに、愛情を感じた。そしてすっかり安心して、ぐっすり眠りこんでしまったというのだ。

そうするとオホアナムヂは熟睡しているスサノヲの髪を、室の一本一本の垂木（屋根を支えている木）ごとにわけて結び着け、室の戸口を、五百人でやっと動かせるほど巨大な岩で塞いだ。そしてスセリビメを背負い、スサノヲの物だった生大刀《いくたち》という大刀と、生弓矢《いくゆみや》という弓矢と、天の詔琴《のりごと》という琴を持って、一目散に逃げ出した。すると逃げる途中で琴が樹に触れて、地面が揺れるほど、大きな音が鳴り響いたので、スサノヲは驚いて目を覚まし、飛び起きて室を引き倒してしまった。だが追跡を始める前にまず、髪を一本一本の垂木からほどかねばならなかったので、そのあいだにオホアナムヂは、遠くまで逃げることができた。スサノヲはそれで、地下界と地上の境のヨモツヒラサカまで追い駈けて来て、そこから遥か遠くを逃げて行くオホアナムヂに、大声でこう呼びかけた。

其の汝が持てる生大刀・生弓矢をもちて、汝が庶兄弟《ままはらから》をば、坂の御尾《みを》に追ひ伏せ、また河の瀬に追ひ撥ひて、おれ大国主神となり、また宇都志国玉神《うつしくにたま》となりて、その我が女《むすめ》須世理毘売を嫡妻《むかひめ》として、宇迦《うか》の山の山本に、底つ岩根《いはね》に宮柱ふとしり、高天の原に氷椽《ひぎ》たかりして居れ。この奴。

それで地上に帰ったオホアナムヂは、この愛情のこもったスサノヲの呼びかけに言われた通りにして、まず根の堅州国から持ち帰った生大刀と生弓矢を使って、八十神に攻撃を加えて、彼らを自分の活動する領域から掃討した。そしてそのあとに、次章に見るように彼の本分の大業である、「国作り」に取り掛かったのだとされ、そのことは、「故、その大刀・弓を持ちて、その八十神を追ひ避くる時に、坂の御尾毎に追ひ伏せ、河の瀬毎に追ひ撥ひて、始めて国を作りたまひき」と、言われている。そしてその結果これもスサノヲの呼びかけの中で言われたように、彼はオホクニヌシまたウツシクニタマの名で呼ばれる、国を主として支配し豊穣にする偉大な神になった。その国作りの締め括りには彼は、これもスサノヲに呼びかけられた通り、スセリビメを嫡妻とする夫婦の契りを、次章に見るようにしてあらためて恒久のものとして固めた。そして国の偉大な主の住居に相応しい壮大な宮を、出雲に構えて住むことになったとされているわけだ。

　このようにスサノヲがヨモツヒラサカからオホクニヌシにした呼びかけは、すべてがその言葉通りに実現した。この呼びかけに、言われたことが必ずその通りになる、あらたかな託宣の意味があったことは、それをスサノヲの口から発せさせるために、琴が果たしたとされている働きからも、察することができる。「詔琴」と呼ばれたこの琴の役目は明らかに、神を呼び出して託宣を請うことだった。つまり樹に触れ音響を立て、眠っていたスサノヲを起こし、他界と現世の境のヨモツヒラサカまで呼びよせて、そこで託宣だった呼びかけを叫ばせたことで、この琴はまさに「詔琴」の本来の役をしたと思われるわけだ。

　このように根の堅州国でスサノヲは、彼が激しい執着を持っていた娘のスセリビメともけっきょく引き離されて、独り身の暮らしをせねばならなくなったとされている。そのことには彼が生まれたあと、下界と天上でした所業によって、世界に大混乱を起こした罪に対する、罰の意味があることが明らかだと思われる。だがこれらの罪を犯したあと、地下界に来住するより前に彼は地上に行き、そこで優れた英雄神の振る舞いをして、ヤマタノヲロチを退治する偉業を達成した。

　地下界ではそこにオホアナムヂが来訪すると彼は、来るなりたちまちスセリビメを魅了し妻にしてしまって、自分から引き離すと思われたこの神を、当初は敵視し虐待して殺そうとまでした。だがけっきょくは心を、この子孫の神を愛おしむ思いに捕えられた。そしてスサノヲが眠っていたあいだに、この神がスセリビメを背負い、スサノヲの所有物だった武器と琴を持って、地上へ去って行ったのを許した。地下界から持ち帰ったこの強力な武器を使ってオホアナムヂは地上で、彼の敵だった異母兄たちを掃討して、「国作り」に取り掛かった。つまり根の堅州国を訪問する前には、異母兄たちにくり返し殺されても、何も抵抗もできぬ柔弱者だったオホアナムヂは、武力の神であるスサノヲのもとに滞在した結果、敵をたちまち完膚無きまで打ち負かして、そのあとに「国作り」を始められる力を持って地上に帰って来た。そのことで彼を根の堅州国に赴かせるに当たって、母神が彼に言い聞かせた、「須佐能男命の坐します根国に参向ふべし。必ずその大神、議りたまひなむ」という言葉は、その通りに実現したわけだ。

しかもこれもオホアナムヂが彼のもとから持ち出した、琴の鳴り響く音によって眠りから目覚めたスサノヲは、根の堅州国の果てのヨモツヒラサカまで追い駈けて行って、そこからすでに地上を逃げて行くオホアナムヂに託宣の呼びかけをした。そして持ち帰る武器の威力で八十神を掃討して、国を主として支配し豊穣にする偉大な神となり、スセリビメを嫡妻にして、出雲に住所の宮を構えて住むように彼に命じ、オホアナムヂはこの託宣の言葉を、すべてその通りに実行した。

それでこのあらたかな託宣を述べたことでスサノヲは地下にいながら、このあとオホアナムギがオホクニヌシになって、彼の託宣に従って遂行する活躍の強力な後楯の役を果たし続けることになった。そのことでスサノヲは、地下界で罰を受けていてもそこから、偉大な神としての働きを、続けていることになっているのだと思われる。

第二章　オホクニヌシの「国作り」と妻問いの意味

(1) 女神たちから受け続けた熱愛と助け

オホクニヌシの神の際立った特徴は、つねに女神たちから熱愛されたことだ。当初にはオホアナムヂと呼ばれていたこの神は、「八十神」と呼ばれる大勢の異母兄たちから虐待と迫害を受け、二度にわたって彼らに惨殺されても、何の抵抗もできぬほど、徹底して無力な存在だった。だがその時点でも彼はすでに、出会う女神をたちまち自分への愛のとりこにしてしまうことでは、だれも敵う者のいない、絶大な性的魅力の持ち主だった。

彼を主人公にする神話の冒頭には、八十神たちがそろって、因幡の国に住んでいたヤカミヒメという女神に思いをかけ、みなで求婚に行ったおりに、荷物の入った大きな袋を彼に背負わせて、従者として連れて行ったことが語られている。『古事記』にはそのことが、「その八十神、各々《おのおの》稲羽の八上比売を婚《よば》はむ心ありて、共に稲羽に行きし時、大穴牟遅神《おほあなむぢのかみ》に帒を負《おは》せ、従者《ともびと》として率て往きき」と、記されている。だが一行がヤカミヒメのもとに到着し、八十神が結婚の申し込みをすると、ヤカミヒメは彼らに、「吾は汝等の言は聞かじ。大穴牟遅神に嫁はむ」と、返答した。つまりヤカミヒメは、重い荷物を担わされている下僕の姿で、自分の前にとつぜん現われたオホアナムヂを見て、瞬時に彼に一目惚れした。そしてそのためにはるばるやって来た、八十神たちの熱心な求愛をにべもなく拒絶して、何の意志表示もしていないオホアナムヂを、自分から夫に選んだとされているわけだ。

それまで侮蔑の対象としか見なしていなかった異母弟にこのようにしてとつぜん、自分たちが思いをかけていた女神の愛を、目の前で横取りされた八十神は、とうぜん烈火のように激怒した。彼らはそれで、オホアナムヂを殺す相談をした。そして前章で見たように彼を山のふもとに連れて行き、自分たちがこの山にいる赤毛の猪を狩り出しこの場に追い下すので、待っていて捕えろと厳命し、猪の形をした大石を火でまっ赤に焼いて、オホアナムヂが待っている場所に転がし落とした。オホアナムヂはそれでその焼石を、赤毛の猪だと思い、懸命に捕えようとして抱きつき、大火傷を負って死んでしまった。

だがオオアナムヂには、性愛の対象として彼に夢中になる女神たちのほかに、それとは別の種類のいっそう強烈な愛を彼に注いで、どんな状態からも彼を救おうとしてくれる、もう一人の女神がいた。それは彼の母神のサシクニワカヒメで、最愛の息子がこのようにして惨死させられたのを知ると、この母神は前章にも見たように泣きながら天に昇って行って、強力な天神のカムムスヒにそのことを訴えて、助けを請願した。そのことは、「ここにその御祖《みおや》の命、哭き患ひて、天に参上りて、神産巣日之命に請しし時」と言われている。そうするとカムムスヒは見たように、キサガヒ（赤貝）ヒメとウムガヒ（ハマグリ）ヒメとの二柱の貝の女神を派遣して、オホアナムヂの手当てをさせて、彼を生き返らせたと物語られているのだが、その二柱の女神たちが彼の大火傷の治療をした有様は、「ここに𧏛貝比売《きさがひ》、刮《きさ》け集めて、蛤貝比売《うむがひ》、待ち承けて、母《おも》の乳汁《ちしる》を塗りしかば、麗しき壮夫に成りて、出で遊行《あそ》びき」と言われている。

つまり貝の女神たちの一方は、自分の体を削り、もう一方はその削られた貝の粉を受け止め、自分の体の中で「母の乳汁」つまり母乳の汁にして、それをオホアナムヂに塗ってやったというので、この女神たちも自分の身を削りながら母の愛を惜しみなく注いで、オホアナムヂを生き返らせたことに成っているわけだ。

オホアナムヂが生き返ったのを見ると、八十神は見たように、彼をまた騙して山の中に連れて行った。そして大きな木を伐り倒し、その幹にくさびを打ち込んで割れ目を開かせてから、その割れ目の中にオホアナムヂを入らせておいて、くさびを打ち放って割れ目を塞いで、彼を木の中で打ち殺した。そうすると母神はまたいなくなった息子を泣きながら懸命に探してまわり、見つけると木を割いて、中から取り出して生き返らせた。

そのあと母神は見たようにオホアナムヂをいったんは、紀伊の国に住むオホヤビコという神のもとに逃げて行かせた。だが八十神はそこまでも追って来て、執拗に彼を矢で射殺そうとした。それで母神は彼を、木の股をくぐり抜けて逃げさせた。そして「須佐能男命の坐します根の堅州国に参向ふべし。必ずその大神、議りたまひなむ」と言い聞かせて、地下界の根の堅州国に住んでいる、偉大な祖先の神のスサノヲのもとに、彼を赴かせたのだとされている。

このようにして地上にいたあいだ、彼を惨死から二度にわたって奇蹟的に生き返らせてくれたほど強力だった、母神のあらたかな庇護を受け続けていたオホアナムヂは、とつぜんその母の側から遠く離れて、母神の助けの届かない他界に、入って行かねばならぬことになった。だがその根の堅州国でも、彼はそこに到着するとすぐにまた、一瞥しただけで女神が彼を熱愛せずにはいられなくなる、持前の不思議な性的魅力を発揮した。そして自分から進んで彼に身をまかせ、献身的な妻になった強力な女神の助けを、地下界に滞在していたあいだ中、受け続けられることになったと物語られている。

根の堅州国のスサノヲの住居にオホアナムヂが着くと、前章でも見たように、すぐに父といっしょにそこに住んでいた、スサノヲの娘の女神のスセリビメが出て来て彼を迎えた。そして「その須勢理毘売出て見て、目合《まぐはひ》して、相婚《あ》ひたまひて」と言われているように、一目見ただけでたちまち彼に心を通わせ、目配せしただけでその場で、自分から進んで彼と夫婦の契りを結んだ。それから「還り入りて、その父に白ししく、『甚《いと》麗しき神来ましき』とまをしき」と言われているように、家に戻って父に、自分が一目で魅力のとりこにされた、絶世の美男子の神が来訪したことを報告した。そうするとスサノヲは、「ここにその大神出で見て、『こは葦原色許男《あしはらしこを》と謂ふぞ』と告りたまひて」と言われているように、家から出て来てオホアナムヂを見て、彼を「葦原」つまり地上の葦原中国から来た「色許男」、ごつごつした醜男だと言って、スセリビメが「甚麗しき神」と言って讃えた、オホアナムヂの魅力を言下に否定した。そしてオホアナムヂを家に呼び入れて、彼をその夜は蛇のたくさんいる「蛇の室」に寝かし、次の夜にはムカデとハチのいる「呉公《むかで》と蜂との室」に泊らせた。だがオホアナムヂは、最初の晩は蛇を追い払う呪力のある「蛇の領巾《ひれ》（女性が首に掛け左右に長く垂らした装身具の布）」を、次の晩には「呉公蜂の領巾」を、スセリビメから授かり、それを教えられたように三度振って蛇またムカデと蜂を静まらせて、どちらの室でも安眠して無事に出て来た。そのことは、こう物語られている。

すなはち喚び入れて、その蛇の室《むろや》に寝しめたまひき。ここにその妻須勢理毘売命、蛇の領巾《ひれ》をその夫に授けて云《の》りたまひしく、「その蛇咋はむとせば、この領巾を三たび挙《ふ》りて打ち撥ひたまへ」とのりたまひき。故、教への如《ごと》せしかば、蛇自ら静まりき。故、平《やす》く寝て出でたまひき。また来る日の夜は、呉公と蜂との室に入れたまひしを、また呉公蜂の領巾を授けて、先の如《ごと》教へたまひき。故、平《やす》く出でたまひき。

（2）根の堅州国からの脱出と「国作り」の開始

そうするとスサノヲは見たように次には、広い野原の中に鏑矢を射込み、それを取って来いと命じて、オホアナムヂを野の中に入らせた。そして野原のまわり中から火を燃え上がらせたので、オホアナムヂは猛火に囲まれ、逃げ道が分からないで、焼け死んでしまいそうになった。だがスセリビメにもどうにも手の施しようが無かった、絶体絶命と思われたこの危地から彼は、一匹の鼠に助けられて脱することができたとされている。彼が行き場を見つけられずにいると、そこに鼠が出て来て、「内はほらほら、外《と》はすぶすぶ」と言って彼に、その場所の地下に、入口はすぼまっていて狭いが中は広い、洞穴があることを教えてくれた。それで彼は地面を力いっぱい踏みつけて、その穴の中に落ち込み、火が上で燃えているあいだ、そこに避難していることができた。しかもそのあいだに鼠が、スサノヲの鏑矢をくわえて持って来てくれた。ただその矢の羽は鼠の子たちによって、すっかり食われてしまっていたという。そのことは、こう記されている。

ここに出でむ所を知らざる間に鼠来て云ひけらく、「内はほらほら、外《と》はすぶすぶ」といひき。かく言へる故に。其処を踏みしかば、落ちて隠り入りし間に火は焼け過ぎき。ここにその鼠、その鳴鏑を咋《く》ひ持ちて、出で来て奉りき。その矢の羽は、その鼠の子等皆喫《く》ひつ。

オホアナムヂはそれで、その矢をスサノヲのもとに持ち帰って奉ることができた。そのときにはスサノヲは、オホアナムヂが死んだと思って、野原の焼け跡の中に来て立っており、スセリビメも夫が死んだと思って、葬式の用具を持ってそこに来て、声をあげて泣いていた。そのことはすでに見たように、「ここにその妻須勢理毘売は、喪具《はふりつもの》を持ちて、哭きて来、その父の大神は、已《みまか》に死りぬと思ひて、その野に出で立ちたまひき」と、言われている。

この記述からスサノヲが、このときオホアナムヂをはっきり殺そうとして、彼が中に入った野原を燃やしたことが分かる。つまりスサノヲは、根の堅州国でいっしょに住んでいたスセリビメに強い執着心を持って、この娘をいつまでも自分のもとに留めておこうとしていた。それでそのスセリビメが、とつぜん来訪したオホアナムヂにすっかり魅了され、その妻になって父の自分から離れて行きそうになると、何がなんでもそのことを阻止しようとして、オホアナムヂを殺そうとまでしたとされているわけだ。

だがそのスセリビメをオホアナムヂは見たように、けっきょくスサノヲから離して地上に連れ帰った。鏑矢を持ち帰って奉ったオホアナムヂをスサノヲは、内部が広い室《むろ》になっている建物（八田間《やたま》の大室《おほむろや》）の中に呼び入れ、自分の頭にたかっているシラミを取れと命令した。だが見るとスサノヲの頭にはシラミではなく、ムカデがうようよといた。そこでオホアナムヂはまた、妻のスセリビメに助けられた。スセリビメはムクの木の実と赤土を持って来て、彼に渡してくれた。それでオホアナムヂは、その木の実を嚙み潰しては、赤土を口に入れていっしょに吐き出した。そうするとスサノヲは彼がてっきり、自分の血を吸ったムカデを嚙み殺して吐き出していると思った。そしてそれまで敵視していたオホアナムヂに愛着を感じ、すっかり安心して眠りこんでしまったとされている。そのことは、こう言われている。

ここにその矢を持ちて奉りし時、家に率《ゐ》て入りて、八田間《やたま》の大室《むろや》に喚び入れて、その頭の虱を取らしめたまひき。故ここにその頭を見れば、呉公多《むかでさは》なりき。ここにその妻、椋《むく》の木の実と赤土とを取りて、その夫に授けつ。故、その木の実を咋ひ破り、赤土を含《ふふ》みて唾き出したまへば、その大神、呉公を咋ひ破りて唾き出すと以為《おも》ほして、心に愛《は》しく思ひて寝ましき。

そうするとオホアナムヂは見たように、熟睡しているスサノヲの髪を分けて、彼が眠っている八田間の大室と呼ばれている建物の屋根を支えている、一本一本の垂木ごとにしっかり縛りつけた。それからその建物の戸を、五百人でやっと動かせるほど巨大な岩で塞いだ。そしてスセリビメを背負い、スサノヲの物だった生大刀《いくたち》という剣と、生弓矢《いくゆみや》という弓矢と、天の詔琴《のりごと》という琴を持って、一目散に逃げ出した。そうすると逃げる途中で琴が樹に当たって、地面が揺れるほどの音が鳴り響いたので、スサノヲはその音に驚いて跳び起きて、自分の寝ていた建物を引き倒してしまった。それから彼は、逃げて行くオホアナムヂのあとを追い駈けたが、追跡を始める前に、垂木に縛りつけられていた髪を一々ほどかねばならなかったので、そのあいだにオホアナムヂは、遠くまで逃げのびることができた。それでヨモツヒラサカという地下界と地上の境の坂にスサノヲが行き着いたときには、オホアナムヂはすでにその坂を越えて、はるか遠くの地上を逃げて行くのが見えた。スサノヲはそれでそこから大声で、オホアナムヂに、前章で見たように言われたことがすべてその通りに実現する、あらたかな託宣であったことが明らかな、呼びかけをしたのだとされ、そのことはこう物語られている。

ここにその神の髪を握りて、その家の椽毎《たりきごと》に結ひ着けて、五百引《いほびき》の石《いは》をその室の戸に取り塞《さ》へて、その妻須世理毘売を負ひて、すなはちその大神の生大刀《いくたち》と生弓矢《いくゆみや》と、またその天《あま》の詔琴《のりごと》を取り持ちて逃げ出でます時、その天の詔琴樹に払《ふ》れて地動《つちとよ》み鳴りき。故《かれ》、その寝ませる大神、聞き驚きて、その室を引き仆《たふ》したまひき。然れども椽《たりき》に結ひし髪を解かす間に、遠く逃げたまひき。故ここに黄泉比良坂《よもつひらさか》に追ひ至りて、遥かに望《みさ》けて、大穴牟遅神を呼ばひて謂ひしく、「その汝が持てる生大刀、生弓矢をもちて、汝が庶兄弟をば、坂の御尾に追ひ伏せ、また河の瀬に追ひ撥ひて、おれ大国主神となり、また宇都志国玉《うつしくにたま》神となりて、その我が女須世理毘売を嫡妻《むかひめ》として、宇迦《うか》の山の山本に、底つ石根《いはね》に宮柱ふとしり、高天の原に氷椽《ひぎ》たかしりて居れ。この奴」といひき。

それで地上に帰り着くとオホアナムヂは、前章で見たように彼にとってあらたかな託宣の意味を持っていたことが明らかな、この呼びかけによって命令されたことを、すぐに実行した。そしてまず八十神を、「故、その大刀、弓を持ちて、その八十神を追ひ避くる時に、坂の御尾毎に追ひ伏せ、河の瀬毎に追ひ撥ひて」と言われているようにして、生大刀と生弓矢で攻撃して、彼が偉大な「国」の主のオホクニヌシに成って支配しようとしていた、境域の外へ追い払った。そしてそのあとに、「国作り始めたまひき」と言われているように、彼のもっとも肝心な功績となる「国作り」の事業に取りかかったとされている。

この「国作り」の事業は言うまでもなく、農業や医療などの恩沢を広めて、自分が支配する領域を豊穣な国に作り上げて、「大国主」の名に相応しい、その「国」の主の神に成ることだった。オホアナムヂが根の堅州国で嘗めねばならなかった苦難は明らかに、その「国作り」を始めるためになお不足していた力を、この神が得て、「大国主」に成るために必要な試練だった。

（3）根の堅州国で得てきた力と「国作り」

根の堅州国でこれらの試練を受けるより以前にも、オホアナムヂは見てきたようにすでに、母神を含む女神たちが彼に、夢中で激しい愛情を燃やさずにいられなくなる、比類の無い不思議な魅力を、子としてもまた性愛の対象としても、十二分に具備していた。また彼が八十神の供をさせられて、ヤカミヒメのもとに行く途中で起こったことが物語られている、因幡の兎との出会いの話からは、彼がこの時点ですでに医療の神としても、奇蹟的な治癒を果たせる絶大な力をもっていたことが、はっきりと知らされる。

ヤカミヒメのもとに赴く途中に、八十神たちが気多の岬（現在の鳥取県気高郡にあった岬）に通りかかると、そこに毛皮を無くした赤裸の兎が倒れて苦しんでいた。八十神はその兎をなぶりものにして、「海の塩水を浴びてから、高い山の頂きに寝て、風に当たるがよい」と、治療とは反対のことを教えてやった。

それで言われた通りにすると、風が当たって海水が乾くにつれて、赤裸の体の至るところが裂け、苦痛がいっそう激しく耐え難くなったので、兎はもとの海岸に戻ってきて、猛烈な痛みに苦しみ悶えながら泣き伏していた。そうするとオホアナムヂが、重い荷物を背負っていたために、八十神たちよりもずっと遅れてそこにやって来て、兎に親切に声をかけ、泣き伏しているわけを尋ねた。兎はそれで、自分の身に起こったことを説明した。

それによるとこの兎は隠岐の島にいて、こちらに来たいと思い、どうやって海を渡るか方法を思案した末に、海にいるワニ（鮫？）をだました。そして自分たち兎とワニと、どちらが数が多いか比べてみようと言って全部のワニを集めさせて、隠岐の島から気多の岬まで海面に並ばせた。そしてその上を踏んで数えながら、走って渡ってきたが、気多の岬に着いて地面に降りようとしたところで得意になって、「お前たちはわたしに、まんまと騙されたのだ」とついうっかり口走ってしまった。それで激怒した列の端にいたワニに、捕えられて衣服（毛皮）をすっかり剝ぎ取られて赤裸にされてしまい、困って泣いていると、前にここを通りかかった八十神に、「海水を浴びて、風に当たって寝ていればよい」と言われた。それで教えらえた通りにしたところ、体中が裂けて傷だらけになってしまったということだった。

オホアナムヂはそれで兎に、「急いで河が海に流れこむところに行って、真水で体をよく洗ってから、そこに生えている蒲の花穂を取って敷きつめて、その上に寝て転がればよい。そうすればお前の体は肌がもとのように治るだろう」と、教えてやった。それでこの教えの通りにすると、兎の体はすっかりもと通りになったという。そのことは、こう物語られている。

是に、大穴牟遅神、その兎を教へ告りたまひしく、「今急《すみや》かにこの水門《みなと》に往き、水をもちて汝が身を洗ひて、すなはちその水門の蒲黄《かまのはな》を取りて、敷き散らして、その上に輾転《こいまろ》べば、汝が身本《もと》の膚の如《ごと》、必ず差《い》えむ」とのりたまひき。故、教への如《ごと》せしに、その身本の如くになりき。

この話から明らかなように、根の堅州国に赴いた時点でオホアナムヂはすでに、女神たちが彼を愛さずにいられなくなる絶大な魅力のほかにも、医療の分野でも超抜な力を持っていた。だがその時点では彼は、八十神たちの暴力に邪魔されて、女神たちを夢中にさせるその魅力と、医療の分野で彼が持っていた能力とを、豊かな国を作り上げてその支配者になる、豊穣神としての自分の働きのために、役立てることができずにいた。

彼が根の堅州国で手に入れて、地上に持ち帰った品の働きによって、彼は自分が本来的に備えていた力の発揮をそれまで妨げていた障害を除去して、「国作り」の事業に取りかかれることになった。生大刀と生弓矢の力で彼は、邪魔者だった八十神たちをたちまち掃討して、彼が支配を及ぼそうとしていた境域から、完全に放逐することができた。また天の詔琴はその前に、「神託を受けるための琴」という呼名の通りに、眠っているスサノヲを目覚めさせて、この強力な大神を彼の住んでいる他界の果てるところまで呼び寄せた。そしてそこであらたかな託宣だった呼びかけをオホアナムヂのために叫ばせ、その託宣によって彼がこのときから地上で遂行する事業は、その成就を予め約束されることになったからだ。

こうして遂行のための支障が何もなくなった「国作り」のために、オホクニヌシになったオホアナムヂはよく知られているように、天からとつぜん彼のもとにやって来た、スクナビコナという奇妙な小人の神と兄弟になった。そしてあらゆることでこの神と、親密きわまりない協力をしながら、「国作り」をしたとされている。その経緯は『古事記』には、次のようだったと物語られている。

オホクニヌシがお供の神たちを連れて、出雲の美保の岬（島根半島の東端の岬）にいると、そこに珍妙な小人の神が、蔓草のガガイモの実の舟の形をした莢に乗り、水鳥のカリの皮を丸剝ぎに剝いで衣服にして、波に運ばれてやって来た。「だれか」と言って名前を尋ねても答えず、お供の神たちの中にも知っている者が、だれもいなかった。するとヒキガエルのタニグクが、

「クエビコ（＝案山子《かかし》）がきっと知っているでしょう」と言ったので、クエビコを呼んで尋ねると、「これはカムムスヒの神の御子のスクナビコナの神です」と言った。それで天にいるカムムスヒにそのことを申し上げると、カムムスヒは、「確かに自分の子で、ちっぽけなために、わたしの手の指の股からこぼれ落ちたのだ」と言った。そしてスクナビコナに、あなたはアシハラシコヲの命（＝オホクニヌシ）と兄弟になって、いっしょに国をつくり堅めなさい」と告げられたので、それでこのときからオホクニヌシとスクナビコナとは、いっしょにこの国を作り堅めることになったのだという。そのことは、こう物語られている。

故《かれ》、大国主神、出雲の御大《みほ》の御前《みさき》に座すとき、波の穂より天の羅摩船《かがみぶね》に乗りて、鵝《かり》の皮を内剝ぎに剝ぎて衣服にして、帰《よ》り来る神ありき。ここにその名を問はせども答へず、また所従《みとも》の諸神に問はせども、皆「知らず」と白しき。ここに谷蟆《たにぐく》白しつらく、「こは崩彦《くえびこ》ぞ必ず知りつらむ」とまをしつれば、すなはち崩彦を召して問はす時に、「こは神産巣日神の御子、少名毘古那神ぞ」と答へ白しき。故《かれ》ここに神産巣日の御祖命《みおやのみこと》に白し上げたまへば、答へ告《の》りたまひしく、「こは実《まこと》に我が子ぞ、子の中に、我が手俣《たなまた》より漏《く》きし子ぞ。故《かれ》、汝葦原色許男命と兄弟と成りて、その国を作り堅めよ」とのりたまひき。故、それより、大穴牟遅と少名毘古那と、二柱の神相並ばして、この国を作り堅めたまひき。

オホアナムヂがスクナビコナと一心同体の協力をして、「国作り」を遂行したことは、『日本書紀』神代第八段の一書第六には、「夫の大己貴命と、少彦名命と、力を戮《あは》せ心を一にして、天下《あめのした》を経営《つく》る」と、言われている。そしてその「国作り」をしながら二神は、人間と家畜のために病の治療法を定め、また作物を荒らす鳥獣や虫の害を除くため、呪《まじな》いの方法も制定して教えたので、人々は現在にいたるまでみな、この二神の絶大な恩を受け続けているのだとされ、そのことが右の文に続けて、こう言われている。

　復《また》顕見《うつしき》蒼生《あをひとくさ》及び畜産《けもの》の為は、其の病を療むる方《みち》を定む。又、鳥獣・昆虫の災異を攘《はら》はむが為は、其の禁厭《まじなひや》むる法《のり》を定む。是を以て、百姓《おほみたから》、今に至るまでに、咸《ことごとく》に恩頼《みたまのふゆ》を蒙《かがふ》れり。

(4) ヤチホコの神の女神たちとの結婚

だがオホクニヌシが右に見たようにして、スクナビコナと出会って兄弟になり、いっしょに

「国作り」をしたという話の前に、『古事記』には彼が、根の堅州国から帰って八十神たちを掃討したあとに、多くの女神たちと結婚したことが物語られている。それによると彼はまず、根の堅州国に赴くより前に取り交わしていた約束を履行して、ヤカミヒメを妻にして、いったんは自分の住居に連れて来た。だがヤカミヒメは彼の正妻のスセリビメを憚って、けっきょく自分の産んだオホクニヌシの子を、木の股のあいだに挟んで残して、自身は住処の因幡の国に、帰って行ってしまったとされ、そのことは、「故《かれ》、その八上比売をば率《ゐ》て来ましつれども、その嫡妻須世理毘売を畏《かしこ》みて、その生める子をば、木の俣《また》に刺し挟みて返りき」と、物語られている。

だがこの「嫡妻」の存在は、オホクニヌシがその後も、国中の至るところで、多くの女神たちと婚姻を結ぶための妨げにはならなかった。ヤカミヒメとの結婚とその破局のあとに『古事記』には、彼が「ヤチホコ（八千矛）の神」という渾名を名乗って、諸処を旅しながら行く先々で、土地の女神を妻にすることをくり返したことが物語られている。

まず最初に詳しく記されているのは、彼が次に掲げる歌の中で「遠々し　高志の国」と言われているように、遠い越の国まではるばる旅をして行って、そこに住むヌナカハヒメとした結婚のことだ。この結婚のためには、ヤチホコの神であるオホクニヌシは、それまで彼が経験したことが無かったと思われる、求愛のための労苦をせねばならなかった。長い旅をしてやっと女神の住居までやって来たヤチホコの神は、女神の寝所の前に立って、閉ざされている戸を押したり引いたりしながら、夜通し熱心な求愛をしたが、戸が開かぬまま夜明けが近づいて、山で鵺《ぬえ》つまりトラツグミが、野原ではキジが、家の庭では雄鶏が鳴いて、彼にその晩の夜這いが失敗に終わろうとしていることを思い知らせた。それでその朝の近いことを告げる鳥たちの鳴き声に苛立ちながら、ヤチホコの神はヌナカハヒメに向かって次のような長い歌を詠んで、そのこと嘆いた。

八千矛の　神の命は、
八島国　妻纏《ま》きかねて、
遠々し　高志の国に
賢《さか》し女を　ありと聞かして、
麗《くは》し女を　ありと聞こして、
さ婚《よば》ひに　あり立たし
婚ひに　あり通はせ、
大刀が緒も　未だ解かずて、
襲《おすひ》をも　未だ解かねば、

嬢女《をとめ》の　寝《な》すや板戸を
押そぶらひ　我が立たせれば、
引こずらひ　我が立たせれば、
青山に　鵺《ぬえ》は鳴きぬ。
さ野つ鳥　雉《きぎし》は響《とよ》む。
庭つ鳥　鶏《かけ》は鳴く。
うれたくも　鳴くなる鳥か。
この鳥も　打ち止めこせね。
いしたふや　天馳使《あまはせつかひ》。
事の語りごとも　こをば。

そうするとヌナカハヒメは、寝所の戸は開けずに、オホクニヌシをヤチホコの神と呼びながら、自分も彼に長い歌を詠み返した。そしてその中でまず、「八千矛の　神の命。ぬえ草の女にしあらば　吾が心　浦渚《うらす》の鳥ぞ」と言って、「なよなよとした草のようなか弱い女である自分の心は、入江の中に潮が引いたあとに砂のあらわれた、浅瀬にいる鳥のようで、いつまた波が寄せてくるか知れぬので、安らかに一定してはいられないのです」と、訴えた。そしてそのあとに続けて、「今こそは　吾鳥《わどり》にあらめ。後は　汝鳥《などり》にあらむを、命は　な殺せたまひそいしたふや　天馳使《あまはせつかひ》　事の　語りごとも　こをば」と言って、「今は私の心は、あなた様のお言葉に従わぬわがままな鳥ですが、後にはお心に従うあなた様の鳥になるでしょう」と言い、そのいまは「吾鳥」である私を、ヤチホコの神が歌の中で、鳴き声をあげて彼の夜這いを妨げるのに苛立ち、お供の天馳使に、打ち殺して鳴くのを止めさせよと命じた鳥たちのように、軽々しく「殺せ」と命じられるようなことは、どうかなさらないで下さいと言った。

そしてそのあとにこう歌って、どうかまた日が暮れて夜になったら、朝日のようなにこやかな笑顔で訪ねて来てくれるようにと言い、そうすればそのときには、自分の美しいまっ白な胸も手足も、ヤチホコの神の思う存分な愛撫に委ねることを約束した。

青山に　日が隠らば
ぬば玉の　夜は出でなむ。
朝日の　咲《ゑ》み栄え来て、
栲綱《たくづの》の　白き腕《ただむき》
沫雪《あわゆき》の　わかやる胸を
そ叩き　叩き愛《まな》がり

真玉手　玉手差し纏き
股長に　寝《い》は宿《な》さむを。
あやに　な恋ひ聞こし
八千矛の　神の命。
事の　語りごとも　こをば。

それでヤチホコの神は、その夜にはついに思いを遂げられなかったが、翌晩にヌナカハヒメと、媾合ができたのだとされ、そのことは「かれその夜は合はずて、明日《くるひ》の夜、御合《みあひ》したまひき」と、言われている。

このようにして、それまで女神たちの方から自分に夢中になって、進んで彼の妻になろうとすることに慣れ切っていたオホクニヌシにとっては、はじめての経験だったと思われる、求愛のための労苦を味わった末にヌナカハヒメとの結婚を果たしたあと、『古事記』によればオホクニヌシは、いったん住処の出雲に帰った。そしてそこからまた大和に向けて、旅に出ようとする様子を見せ、片手を乗って行く馬の鞍に掛け、片足を鐙《あぶみ》に踏み入れて、激しく嫉妬しているスセリビメに向かって、長い歌を詠んだ。そしてその中でまず、自分が旅の途中で出会う女神たちを、魅了するための装いを、入念に準備したことを、こう歌った。

ぬばたまの　黒き御衣《みけし》を
まつぶさに　取り装《よそ》ひ
奥《おき》つ鳥　胸見る時、
羽たたきも　これは適《ふさ》はず
辺つ波　そに脱《ぬ》き棄《う》て
鴗鳥《そにどり》の　青き御衣を
まつぶさに　取り装ひ
奥つ鳥　胸見る時
羽たたきも　こも適はず
辺つ波　そに脱き棄て
山県に　蒔きし　あたねつき
染木が汁に　染衣《しめごろも》を
まつぶさに　取り装ひ
奥つ鳥　胸見る時
羽たたきも　此しよろし。

つまりオホクニヌシはまず黒い衣を、次にはカワセミの色のように青い衣を、丁寧に身に纏い、沖にいる鴨がするように胸を見て、羽ばたきをするようにはためかせてみたが、どちらも似合わないので、岸に寄せて返す波のようにそこに脱ぎ捨てた。そのあとに山の畑に植えた茜の根を搗いて作った汁で、赤く染めた衣を丁寧に身に纏って、沖にいる鴨がするようにはためかせてみると、これはよく似合ったので、その赤い衣を妻問いのために着て行く衣装に決めたというのだ。

それから「愛しい妻よ」と言って、スセリビメに呼びかけながらこう歌って、自分が群れに引かれる鳥のようにして、お供の者たちといっしょに旅に行ってしまえば、けっして泣いたりしないと強がっていてもお前は、山に一本だけ生えているススキのように、しょんぼりとうなだれて泣き、その嘆きが朝の霧のように立つだろうと言った。

愛子やの　妹の命
群鳥の　吾が群れ往《い》なば、
引け鳥　吾が引け往なば、
泣かじとは　汝は言ふとも、

山跡《やまと》の　一本薄《ひともとすすき》
項傾《うなかぶ》し　汝が泣かさまく
朝雨《あさあめ》の　霧に立たむぞ。
若草の　妻の命
事の　語りごとも　こをば。

そうするとスセリビメは、大きな盃に注いだ酒を、オホクニヌシに勧めながら、彼に向かって長い歌を詠み返した。そしてその中でまずオホクニヌシに、ヤチホコの神という渾名で呼びかけながら、男である彼が旅をして行く先の津々浦々に妻を持っているが、女である自分には彼のほかに夫がいないことを、こう言って訴えた。

八千矛の　神の命や
吾が大国主。
汝こそは　男《を》にいませば、
うち廻《み》る　島の埼々
かき廻る　磯の埼おちず、

若草の　妻持たらせめ
吾はもよ　女《め》にしあれば
汝を除《き》て　男《を》は無し。
汝を除《き》て　夫《つま》は無し。

このスセリビメの歌から、ヤチホコの神であるオホクニヌシが、旅をして行く先の、各地で、土地の女神との結婚をくり返していたことが分かる。ヤチホコの神というのは、そのような各地の女神たちとの結婚をする神として、オホクニヌシを呼んだ渾名だったのだと思われる。なぜならオホクニヌシをこの渾名で呼んで、活動を物語った箇所は『日本書紀』にはなく、『古事記』ではただここで問題にしている、まずヌナカハヒメと、次にスセリビメとオホクニヌシが詠み交わした長歌の中でだけ、この渾名が使われている。そしてそこで歌われているのは見てきたように、ただ彼がヌナカハヒメや他の女神たちとした、結婚のことだけだからだ。

（5）女神たちとの結婚による「国作り」

オホクニヌシを「ヤチホコの神」と呼んで彼に詠み返した長歌の中で、ヤチホコの神であるオホクニヌシには、旅をして行く先の至るところに妻がいるが、自分には彼のほかには夫がいないことを切々と訴えたあとで、スセリビメは続けてこう歌った。

綾垣《あやかき》の　ふはやが下に
蚕衾《むしふすま》　和《にこ》やが下に
栲衾《たくぶすま》　さやぐが下に
沫雪《あわゆき》の　若やる胸を
栲綱《たくづの》の　白き腕《ただむき》
そ叩き　叩き愛《まな》がり
ま玉手　玉手差し纏き
股長に　寝《い》をし寝《な》せ。
豊御酒《とよみき》　奉《たてまつ》らせ。

つまり綾織りの帳《とばり》のふわふわと揺れる下、絹の柔かい夜具の下、楮《こうぞ》の夜具のさやさやと音を立てる下で、私の若々しい胸と白い腕を優しく愛撫し、たがいに手を交わして枕にし、脚を長く伸ばし私と媾合してくださるように。またその前にまず、私の差し出している美味しい御酒を、召し上がって下さるようにと、懇願したというのだ。そうするとオホクニヌシは、妃の女神のこの頼みをすぐに聞き入れた。それで両神は盃を交わして、あらためて夫婦の誓いを固め、たがいのうなじに手を掛け合って抱擁したので、それでこのように相擁しあった姿で、現在まで崇められ続けることになったのだとされ、そのことは、「すなはちうきゆひ為《し》て、うながけりて今に至るまで鎮《しづ》まり坐《ま》す」と言われている。

オホクニヌシがヤチホコの神としてした、女神たちとの結婚の最初に語られているが、ヌナカハヒメとの苦労の末に果たした合歓はじつは、ヤチホコの神の活動の締め括りの意味を持つ事件だったのだと思われる。そのことをヤチホコの神は、ヌナカハヒメに当てて詠んだ歌の中で、彼が今やっと辿り着いたヌナカハヒメの住む場所を、「遠々し　高志の国」と呼び、そこに来るまでに彼が国中で多くの妻問いを重ねてきたことを、「八島国　妻纏きかねて」と言うことで、自身ではっきりと表明している。

つまりヌナカハヒメの住処の越の国は、オホクニヌシが豊穣な国に作り上げて支配しようとした地域の中のもっとも遼遠な場所で、「国」の範囲がそこで尽きる、果てに位置していた。彼がこれまで国中を経廻りながら、各地で妻問いをしてきた女神たちは明らかに、それぞれの土地そのものの神格化された存在だった。だから各所で女神を妻にして妊娠させることで、彼はその土地を肥沃にし、豊かな産物を生じさせる国にする営為を、倦まずに遂行してきたわけだ。「遠々し　高志の国」に住み、遼遠なその土地を神格化していたヌナカハヒメとの結婚を果たすことは、オホクニヌシがヤチホコの神として進めてきたその彼の営為が、それによってついに「国」の果てにまで及び、完結することを意味した。だから彼の事業の仕上げとなるヌナカハヒメとの結婚のためにはオホクニヌシは、彼にとって例外的だった、求愛のための特別な労苦をせねばならなかったと、されているのだと思われる。

その労苦の末についにヌナカハヒメとの結婚を果たし、彼が支配する「国」の範囲を果てにまで広げたあとにはオホクニヌシには、彼がそれまで遂行してきた各所の女神たちと結婚するための旅を、それ以上は続ける必要がなくなっていた。それでこの結婚のあとに出雲に帰ったオホクニヌシは、スセリビメの要請を快く聞き入れて、妻問いの旅にまた出かけるのを止めた。そして勧められた通りに酒杯を交わして、この正妃との夫婦の固い契りをあらためて誓い合い、今に至るまでたがいの首に手を掛け、相擁し合う関係を持ち続けることになったと、されているのだと思われる。

それではこのように国中を果てまで旅しながら、各地で土地の女神を妻にすることで、「国作り」を遂行したオホクニヌシは、なぜそのことで「八千矛の神」つまり八千本の矛を持つ神と、呼ばれたのだろうか。八千本の矛を持つと渾名されていても、この神がその持ち物だとされている夥しい数の矛を武器として使って、敵と戦ったということは、神話のどこにも語られていない。八千矛の神の事績として述べられているのは見たようにただ、彼が国中でした女神たちとの結婚のことだけだ。つまりこの神が持つとされる「八千矛」つまり無数の矛は、「矛」と言っても戦闘に用いられる武器の矛ではなく、女神たちとの結婚を果たすための要具だったと思われるわけだ。

矛と呼ばれるのが相応しい結婚のための要具と言えばごく自然に、交合に当たって女性の陰部に突き立てられる、矛をまさに思わせる形に勃起した男根のことが思い浮かぶ。旅をして行く先の至るところで、土地の女神を「若草の妻」にするオホクニヌシの営為は、「矛」である彼の陽根を、女神の体に突き立ててまわることにほかならなかった。「八千矛の神」の名の中で言われている矛はそれだから、矛に擬えられたこの神の陽物を意味していた。それが「八千矛」つまり「八千本の矛」と呼ばれたことには、行く先々で土地の女神と交合し、受胎させ出産させることに倦まぬこの神が、陽根を無数に持つと思わせるほど、旺盛な勢力が無尽であることを、驚嘆し称揚する意味があったことが明らかと思われる。

矛がオホクニヌシにとって、「国作り」のための肝心な用具だったことは、『日本書紀』にも述べられている。『古事記』によればアマテラス自らが、「豊葦原《とよあしはら》の千秋長五百秋《ちあきながいほあき》の水穂国《みずほ》」と呼んで、豊かさを称えたとされているような、豊穣な国を作り上げて支配していたオオホクニヌシが、その国を高天原から統治者として降されるアマテラスの子孫の神に、「国譲り」することに承知したときに、『日本書紀』神代第九段の本文によればオホクニヌシは、そのために高天原から使者として彼のもとに送られてきた、二柱の神（フツヌシとタケミカヅチ）に、「国平《む》けし時に杖《つ》けりし広矛《ひろほこ》」と呼ばれている矛を奉った。そして「吾此の矛を以て、卒《つい》に功治《ことな》せること有り」と言ったと、記されている。

これによれば、「功《こと》」、つまり「豊葦原の千秋長五百秋の水穂の国」と呼べるような、豊かな国を作り上げる偉業を成し遂げるために、オホクニヌシがもっぱら使った用具は、「広矛」と呼ばれている矛だった。その矛を彼は「国作り」のあいだ、障害となる敵と戦うための武器としてではなく、杖として使って、彼がそのために経回った土地を、杖を衝くようにして矛で突いて廻ったとされているわけだ。

そのことから、一方で彼が「国作り」のために使ったというこの「広矛」と、他方でその「国作り」にじつはほかならなかった妻問いをしながら国中をまわった、この神を呼んだ渾名で「八千矛」と呼ばれている矛とのあいだには、もともと本質的区別は無かったことが推定できる。広矛とも八千矛とも呼ばれている矛は明らかに、精力が絶倫だったこの神の陽根を象徴する意味を持っていた。一方の広矛は、その陽根が雄大であることを強調した呼称で、他方で

「八千矛の神」という渾名は右に見たように、この神が「八千」つまり無数の生殖器を持っているのではないかと思えるほど、精力が旺盛無比であることを、嘆称する意味を持った呼名だったと思われるわけだ。

つまりオホクニヌシが、彼の雄大な男性器の象徴だった「広矛」で土地を突いてまわりながらした「国作り」は、言い方を変えれば彼が、「八千矛」すなわちまるで無数にあるのではないかと思えるほど、強靭な活力がけっして枯渇することはない男根を行使して、各所で土地の女神を妻にしてまわった、妻問いの旅でもあった。「国作り」のために彼が精励したその妻問いの旅は見たように、「国」の果ての辺境に位置する「遠々し　高志の国」のヌナカハヒメと、労苦の末についに「御合《みあひ》」を遂げたことで完成した。

それでそのあと出雲に帰ったオホクニヌシは、そこでスセリビメの懇願を聞き入れて、それ以上は妻問いの旅を続けることを止めた。そしてスサノヲに、「その我が女須世理毘売を嫡妻として」と託宣されていた通りに、スセリビメを正妻とする夫婦の契りを、あらためて固めたとされているわけだ。つまりここで「うきゆひ為《し》て、うながけりて」と言われているように、スセリビメと杯を交わして誓いを固く結びあった上で、首に手を掛け合って抱擁を遂げたことは見てきたように、それによってオホクニヌシの「国作り」が完成したことを意味する出来事だったわけだ。

（6）スクナビコナとした「国作り」

このように「国作り」がそれによって完成したのだと思われる、スセリビメとあらためて恒久の夫婦の契りを誓い合ってした媾合のあとに起こった出来事であるようにして、『古事記』には見たように、オホクニヌシがスクナビコナと出会い、この小人の神と兄弟になって、いっしょに「国作り」をしたことが物語られている。しかも『古事記』と『日本書紀』にその旅の詳細は物語られていないが、オホクニヌシはスクナビコナとした「国作り」のために、国中を巡行したとされている。『出雲国風土記』には飯石《いひし》の郡の多祢《たね》の郷の地名が次のように、その二神の「天下巡行」のあいだに起こった出来事に由来することが説明されている。

天の下造りましし大神大穴持《おほあなもち》の命と須久奈比古《すくなひこ》の命と、天の下を巡り行きましし時に、稲種此処に堕ちき。故《かれ》、種と云ふ。神亀三年、字を多称と改む。

また『播磨国風土記』の揖保《いひぼ》の郡、稲種山の条には、その二神の旅のあいだに、次のようなことがあったと物語られている。

大汝《おほなむち》の命、少日子根《すくなひこね》の命二柱の神、神前《かむさき》の郡堲岡《はじをか》の里生野《いくの》の岑《みね》に在《いま》して、この山を望見《みそな》はして云《の》りたまひしく、「彼の山は、稲種を置くべし」と云《の》りたまひき。すなはち稲種を遣《や》りて、この山に積みき。山の形も亦稲積《いなづみ》に似たり。故、号《なづ》けて稲種山《いなだねやま》と曰ふ。

これらの二篇の記事からは、この「天下巡行」の旅のあいだに二神が、各地に稲種をもたらし、稲作を広めてまわったとされていたことが知られる。『日本書紀』神代第八段の一書第六には見たように、「国作り」のあいだに二神が人々のために施したもっとも重大な恩恵として、医術を定め広めたことが、「復顕見蒼生及び畜産の為は、其の病を療《をさ》むる方を定む」と、記されているが、その一つとして温泉による湯治も、二神によって諸処で開設されたとされていた。『鎌倉実記』には北畠親房が現存せぬ著作の中で、そのことが『伊豆国風土記』の中でこう説明されていたと物語っていることが記されている。

玄古《むかし》、天孫未だ降りまさず、大己貴と少彦名と、我が秋津洲《あきつしま》に民の、夭折《あからさまにし》ぬることを憫み、始めて禁薬《くすり》と湯泉《ゆあみ》の術を制《はじ》めたまひき。伊津（=伊豆）の神の湯も又其の数にして、箱根の元湯（=湯本温泉）是なり。

また『伊予国風土記』の逸文には、愛媛県の道後温泉が、あるとき自身の過失によって失神させてしまった、スクナビコナを蘇生させるために、オホクニヌシによって別府温泉の湯を地下の水路を通し運んできて湧き出させられたものであることが、こう説明されていた。

大穴持の命、悔恥《は》じ給ひて、宿奈毗古那《すくなびこな》の命を治《い》かさまく欲《おぼ》して、大分と速見との湯を下樋《したび》より持ち度り来て、宿奈毗古那の命に漬浴《あむ》せしかば、暫間ありて活きて起ち居給ひき。然して詠《なが》めし給ひて、「真暫《ましま》に寝《いね》つるかも」といふ。践《ふ》み健《たけ》びし跡処《あと》は今も湯の中なる石の上に在り。凡そ湯の貴く奇《くす》しきことは神世の時のみにあらず、今の世にも疹痾《やまひ》に染《しづ》みし万生の病を除き身を存《たも》たむが為の要薬《くすり》なり。

また『播磨国風土記』の神前《かむさき》の郡、堲岡《はにをか》の里の条には、二神が連れ立って旅をしていたあいだに、こんな愉快な出来事があったことが、物語られている。それによると二神はあるとき、「遠くまで堲《はに》（粘土）の荷を担いで行くのと、大便をせずに行くのと、どちらがより容易にできるだろうか」ということで、言い争いをした。けっきょくオホクニヌシは、「では自分は、大便をせずに行く」と言い、スクナビコナは、「それでは自分は粘土の荷を持って行く」と言って、両神はがまん比べを始めた。何日か経ったところで、オホクニヌシが、「わたしはもうこれ以上は、がまんができない」と言って、その場にしゃがんで大便をした。そうするとスクナビコナも笑いながら、「わたしだって、もう苦しくてたまらないよ」と言って、盛っていた堲をこの岡に投げ捨てた。それでこの岡は堲岡と、呼ばれることになった。またオホクニヌシが大便をしたときに、そこに生えていた細い竹がそれをはじき上げて、オホクニヌシの衣を汚した。それでその地が、波自加《はじか》の村と呼ばれることになった。その堲と大便は石になって、今でも無くならずに残っているのだという。そのことは、こう記されている。

昔、大汝の命と小比古尼の命と、「相争《あらそ》ひて云りたまひしく、「堲の荷を担ひて遠く行くと、屎下《くそま》らずして遠く行くと、この二つの事、何れか能く為《せ》む」とのりたまひき。大汝の命曰りたまひしく、「我は屎下らずして行かむと欲《おも》ふ」とのりたまひき。小比古尼の命曰りたまひしく、「我は堲の荷を持ちて行かむと欲ふ」とのりたまひき。かく相争《あらそ》ひて行きたまひき。数日を逕《へ》て、大汝の命云りたまひしく、「我は忍び行きあへず」とのりたまふすなはち坐《いま》して屎下りたまひき。尓時《そのとき》、小比古尼の命咲《わら》ひて曰りたまひしく、「然り、苦し」とのりたまひて、亦その塱をこの岡に擲《なげう》ちたまひき。故、塱岡と号《なず》く。屎下りし時に、小竹《しの》その屎を弾き上げて、衣を打ちき。故、波自加の村と号く。その塱と屎と、石と成りて、今に亡せず。

ところが、オホクニヌシと、右の話からもその親密さがよく窺える兄弟となり、『日本書紀』に見たように、「夫の大己貴命と、少彦名命と、力を戮せ心を一つにして、天下を經営る」と言われているような、一心同体の協力をして「国作り」を推進していたスクナビコナは、その「国作り」が完成するより前に、忽然とオホクニヌシのもとを去り、海を越えて別世界の常世の国に行ってしまった。そのことは『古事記』には、「然《さ》て後は、その少毗古那神は、常世国に度《わた》りましき」と言われている。

オホクニヌシはそれで、意気消沈して「わたしはこれから、どうやってこの国をうまく作ることができるだろうか。どの神といっしょに、わたしはこの国を作り上げられるだろうか」と言って、嘆いていた。そうするとそこに、海を照らして近づいて来る神がいて、オホクニヌシに「私を祭れば、私があなたといっしょに、国を作り上げ完成させよう。そうしなければ、国が完成するのは難しいだろう」と言った。オホクニヌシはそれで、「それではどのように、あなたを祭ればいいのですか」と尋ねた。そうするとその神は、「私を、大和を青々とした垣根のように取り巻いている山々の東の山の上に祭りなさい」と言った。それでオホクニヌシはこの神を、言われた通りに御諸《みもろ》山（＝奈良県桜井市の三輪山）の上に祭り、こうして三輪山の大神《おおみわ》神社に鎮座することになった、この神（＝オホクニヌシ）の助けによって、「国作り」を完成することができたのだという。この神が出現したときのことは、『古事記』には、こう物語られている。

　ここに大国主神、愁ひて告《の》りたまひしく、「吾独りして何《いか》にかよくこの国を得作らむ。孰《いづ》れの神と吾と、能くこの国を相作らむや」とのりたまひき。この時に海を光《てら》して依り来る神ありき。その神の言《の》りたまひしく、「よく我が前を治めば、吾能く共与《とも》に相作り成さむ。若し然らずは国成り難けむ」とのりたまひき。ここに大国主神曰ししく、「然らば治め奉る状《さま》は奈何《いか》にぞ」とまをしたまへば、「吾をば倭の青垣の東の山の上に拝《いつ》き奉れ」と答へ言《の》りたまひき。こは御諸山の上に坐す神なり。

（7）妻問いとスクナビコナとした旅

根の堅州国から地上に帰ったあと、オホクニヌシのした活動を、『古事記』に記されている順序に従って読むとこのように、オホクニヌシは八十神を掃討したあとまず、根の堅州国に行くより前にしていた約束に従って、ヤカミヒメを連れて来て妻にしたが、この結婚はスセリビメの所為で破綻した。そのあと彼は、「ヤチホコの神」という渾名で、国中を旅してまわりながら、各地で土地の女神を「若草の妻」にすることで、国土を豊穣にすることに努めた。そしてしまいに国の果ての越に住む、ヌナカハヒメと結婚することで、その妻問いの過程を結了した上で、出雲に帰り、そこであらためて正妻のスセリビメとの恒久の夫婦の契りを固めたことで、女神たちとの結婚による「国作り」を完成した。

そのあとで彼はスクナビコナと兄弟になり、いっしょにまた国中を旅してまわりながら、「国作り」をした。そしてその途中でスクナビコナが、とつぜん常世の国に渡って行って、いなくなってしまうと、そこで不思議なしかたで出現した神を、御諸山つまり三輪山の上に祭った。そしてこのオホモノヌシの助けで、そのときにはまだ中途の状態にあった、「国作り」を完成できたことになる。だがこれは話として、明らかに不自然と思われる。

オホクニヌシが「ヤチホコの神」として、各地でその土地の女神を妻にしながら、国中を果ての地まで旅をして回ったという話と、彼がスクナビコナと兄弟になって、いっしょに天下を巡行しながら「国作り」をしたという話は、『古事記』には、前者のあとに続いて後者が起こった出来事であるように物語られているが、実際にはそうではない。両方の話はじつは同じ出来事を、それぞれが視点を変えて、別様に物語っているとみるのが、より自然な解釈だと思われる。

ヤチホコの神であるオホクニヌシは、妻問いの旅のあいだ見たように各地で、その場所の土地そのものだった女神の体内に、八千本つまり無数の矛に擬えられた旺盛きわまりない陽根を突き立てては、自身の男性の精をふんだんに注ぐことで、女神を妊娠させ土地を豊穣にしてまわった。見方を変えればそれは同時に、各地に穀物の種を播き、国中に農作を広めてまわる旅だった。スクナビコナはまさしく、そのオホクニヌシが国中を旅しながら、栽培を広めてまわった、穀物の種の化身のような存在だった。

そのことはまず、彼の見たような極端な矮小さからも明らかだと思われるが、『日本書紀』神代第八段の一書第六には、この神の微小さが『古事記』におけるよりも、いっそう強調されて物語られている。それによるとあるときオホクニヌシが、お供の神たちと海岸で食事をしようとしていると、海の上から声が聞こえてきた。不思議に思って見てみたが、声を出している者の姿は小さすぎて最初は、誰の目にも入らなかった。しばらくして一人の小さな男が、ガガイモの皮で作った舟に乗り、ミソサザイの羽を衣服にして、潮水に浮かび運ばれて来たので、オホクニヌシがつまみ上げて、掌の上に置いてもてあそぶと、飛び跳ねてその頰に嚙みついたという。そのことは、こう物語られている。

是の時に、海上《わたつみのうへ》に忽ち人の声有り。乃ち驚きて求むるに、都《ふつ》に見ゆる所無し。頃時《しばらく》ありて、一箇《ひとり》の小男《をぐな》有りて、白蘝《かがみ》の皮を以て舟に為《つく》り、鷦鷯《きさぎ》の羽を以て衣にして、潮水の随《まま》に浮き到る。大己貴神、即ち取りて掌中《たなうち》に置きて、翫《もてあそ》びたまへば、跳りて其の頰を齧《か》む。

スクナビコナに穀物の種の化身の性質があることはまた、『古事記』にこの神がカムムスヒの子で、この親神の手の指のあいだからこぼれ落ちて下界に来たと物語られていることからも、はっきりと確かめることができる。第一章ですでに見たように『古事記』にはスサノヲが、高天の原から追放されたあとに、偉大な食物（ケ）の女神という意味のオホゲツヒメという名の食物の女神のところに行き、食物を求めたという話が記されている。そうすると体の中に食物を持っていたこの女神は、鼻と口と尻からさまざまな美味なものを出し、それをいろいろな御馳走に料理して、スサノヲに食べさせようとした。するとスサノヲは、その様子を覗き見していて、自分に体から排出した汚いものを食べさせようとしていると思い、怒ってオオゲツヒメを殺してしまった。殺された女神の体からは、いろいろなものが生じた。頭からはカイコが、両目からは稲が、両耳からは粟が、鼻からは小豆が、陰部からは麦が、尻からは大豆が発生したので、カムムスヒがそれらを取ってこさせて、種にしたのだという。そのことは、こう物語られている。

また食物を大気津比売神に乞ひき。ここに大気都比売、鼻口また尻より、種々の味物《ためつもの》を取り出して、種々作り具へて進《たてまつ》る時に、速須佐之男命、その態《しわざ》を立ち伺ひて、穢汚《きたなく》して奉るとおもほして、その大宜津比売神を殺しき。故《かれ》、殺さえし神の身に生《な》れる物は、頭に蚕《こ》生り、二つの目に稲種生り、二つの耳に粟生り、鼻に小豆生り、陰《ほと》に麦生り、尻に大豆生りき。故ここに神産巣日御祖命、これを取らしめて、種と成しき。

この話によればカムムスヒは、五穀などが発生したときに、それらを天に持ってこさせて種にすることで、穀物の種の親神の働きをしたとされているわけだ。その種の親神であるカムムスヒの子の一人で、親神の手の指のあいだからこぼれて下界に落ちてきたというのだから、スクナビコナはまさしく、穀物の種そのものの神格化された存在であったことが、明らかだと言うほかない。

スクナビコナに穀粒そのものの化身としての性質があることは、この神が「国作り」の途中に、オホクニヌシのもとを去ったときの話から、さらにいっそうはっきりと窺える。この事件のことは、『日本書紀』神代第八段の一書第六には、こう物語られている。

其の後に、少彦名命、行きて熊野の御碕《みさき》に至りて、遂に常世郷《とこよのくに》に適《いでま》しぬ。亦曰はく、淡嶋《あはのしま》に至りて、粟茎に縁《のぼ》りしかば、弾かれ渡りまして常世郷に至りましきといふ。

この中の「亦曰」に語られている出来事のことは、『伯耆国風土記』逸文にもこう記されている。

少日子の命、粟を撒きて、秀実離々《よくみのりけるとき》、すなはち粟に載《のぼ》りて、常世の国に弾かえ渡りましき。故《かれ》、粟嶋といふなり。

このように自身の蒔いた粟が完熟したときに、其の粟の茎に弾き飛ばされて、常世の国に渡って行ったというのだから、この話からはこの神が粟の実の粒と区別の無い性質を持つことが、この上無く明瞭だと思われる。

このように「ヤチホコの神」であるオホクニヌシは、矛に擬えられた陽根を、土地そのものである女神の体に突き立て、ギリシァ語ではスペルマ、ラテン語ではセメンという男性の精を注いで、各所の土地を肥沃にしてまわったとされているが、別の観点から見ればそのことは、スクナビコナがその化身だった、これもギリシァ語ではスペルマ、ラテン語ではセメンという種を土地に蒔いて、各地に穀物の栽培を広めてまわることでもあった。つまりオホクニヌシが、ヤチホコの神としてした妻問いの旅と、スクナビコナとした天下の巡行とは、前者のあとに後者が起こった、連続した出来事ではなかった。両方の旅の話は、この神が無尽蔵なスペルマ＝セメンの効力を存分に発揮しながらした「国作り」を、それぞれが視点を変え、別様に物語ったものだったのだと思われる。

(8) スクナビコナとオホモノヌシの対蹠性

スクナビコナが常世の国に渡って行ってしまったあとにオホクニヌシが、それまでこの小人の神と一心同体の協力をしながら進めてきた「国作り」を、三輪山に鎮座しているオホモノヌシの助けによって完成させたことは、『日本書紀』神代第八段の一書第六には、次のように物語られている。スクナビコナに去られたあとオホモノヌシは、国の中のまだ未完成だったところを、一人で作り上げてまわり、しまいにまた出雲の国に戻って来たところで、こう誇らかに宣言した。「この葦原中国はもとは荒れた国で、岩や草木まで強暴だったが、私がすべてを威伏させたので、従順でないものはなくなった」。それからまた、こう言った。「いまこの国を支配しているのは、私が一人だけでしていることだ。私といっしょに天下を治めるべき者が、だれかいるだろうか」。

そうするとそのとき、神々しい光が海を照らして、その中から浮かび上がって来た者が、こう言った。「私がいなかったらあなたはどうやって、この国を平和にすることができただろうか。私がいたからこそ、あなたはその大きな功績を、立てることができたのだ」。オホクニヌシはそこで、「そう言われるあなたは、いったい誰なのですか」と尋ねると、その者は、「私はあなたの幸魂奇魂《さきみたまくしみたま》だ」と答えた。オホクニヌシはそれで、「たしかにおっしゃる通りです。あなたが私の幸魂奇魂であることが、今はじめてよく分かりました」と言って、「どこにこれから、住まわれたいですか」と尋ねた。そうすると「私は日本国《やまとのくに》の三諸山に住みたい」と答えたので、オホクニヌシは宮を三諸山に造営して、そこに住まわせた。これが、大三輪の神（＝オホモノヌシ）なのだという。そのことは、こう記されている。

自後《これよりのち》、国の中に未だ成らざる所をば、大己貴神、独能《ひとりよ》く巡り造る。遂に出雲国に到りて、乃ち興言《ことあげ》して曰はく、「夫れ葦原中国は、本より荒芒《あら》びたり。磐石草木に至及《いた》るまでに、咸《ことごとく》に能く強暴《あしか》る。然れども吾已《すで》に摧《くだ》き伏せて、和順《まつろ》はずといふこと莫《な》し」とのたまふ。遂に因りて言《のたま》はく、「今此の国を理《をさ》むるは、唯《ただ》し吾一身《ひとり》のみなり。其れ吾と共に天下を理むべき者、蓋《けだ》し有りや」とのたまふ。時に神《あや》しき光海に照らして、忽然《たちまち》に浮び来る者有り。曰はく、「如し吾在らずは、汝何ぞ能く此の国を平《む》けましや。吾が在るに由《よ》りての故に、汝其の大きに造る績《いたはり》を建つこと得たり」といふ。是の時に、大己貴神問ひて曰はく、「然らば汝は是誰ぞ」とのたまふ。対へて曰はく、「吾は是汝が幸魂奇魂なり」といふ。大己貴神の曰はく、「唯然《しか》なり。廼《すなは》ち知りぬ。汝は是吾が幸魂奇魂なり。今何処にか住まむと欲ふ」とのたまふ。対へて曰はく、「吾は日本国の三諸山に住まむと欲ふ」といふ。故、即ち宮を彼処に営《つく》りて、就《ゆ》きて居《ま》しまさむ。此、大三輪の神なり。

この『日本書紀』の記事によれば、スクナビコナに去られたあとオホクニヌシは、国の中のまだ未完成だったところを、一人でまわって完成させた。それで彼は「国作り」を仕上げたのは、彼が独力でしたことで、でき上がった国を支配しているのも、自分が一人でしていることだと思い込んでいた、だが彼はじつはスクナビコナがいなくなったあと、ここでは幸福をもたらし奇蹟を起こす、彼自身の体外魂であることになっている、大三輪の神つまりオホモノヌシから、目に見えぬ助けを受け続けていたので、そのことをこのようにして、彼の前に顕現したその神に教えられて、はじめて覚ったことになっているわけだ。

スクナビコナとオホモノヌシは見てきたように、どちらもオホクニヌシが海岸にいたときに、彼の前にとつぜん海から出現した。そして一方は「国作り」の進行のために、他方はその完成のために、不可欠だった助けをオホクニヌシに与えたことになっているが、両神のそれぞれのあり方と、オホクニヌシを助けたやり方には明らかに、対照的と言えるほど、はっきりした違いがある。スクナビコナは、国中をまわって歩くオホクニヌシの側に、いつも離れずにいて、仲良くいっしょにさまざまな事件を起こしながら、あらゆることで緊密な協力をした。それと違ってオホモノヌシは、『古事記』によれば三輪山に祭られたあと、そこから動くことをせずに、目に見えぬあらたかな神威を発揮して、オホクニヌシの「国作り」の完成を助けたことになっている。

『日本書紀』ではこの神のオホクニヌシへの助けは、三輪山に祭られるより前に、すでに始まっていたことになっている。だがそれはこの場合にも、いつも見える姿で側にいて、そのあいだありとあらゆることをいっしょにしたスクナビコナのやり方とは、まったく違っていた。

スクナビコナに去られたあと、「国作り」の完成のためにオホモノヌシの助けを受けていてもオホクニヌシは、そのあいだ中この神が自分のためにしてくれていることに、まったく気づかずにいた。それはスクナビコナと違ってこの神は、自分の姿を顕わすことはせずに、目に見えぬやり方でオホクニヌシを助けていたからだった。だが「国作り」が仕上がったところで、はじめて姿を現わしたこの神からそのことを教えられるとオホクニヌシはすぐに、自分の「幸魂奇魂」にほかならぬ、この神のあらたかな助けがあったからこそ、自分に「国作り」を完成することができたので、もしこの神に助けられていなければ、その大業をけっして達成できなかったということを、はっきりと覚った。そしてオホモノヌシを、示されたその神意に従って三輪山に住まわせ、そこから見えぬ仕方で発揮され続けるあらたかな神祐に与りながら、この大三輪の神の助けによって仕上げることのできた「国＝天下」を、この神に助けられながら支配し続けることにしたとされているわけだ。

オホモノヌシはこのようにスクナビコナがいなくなったあと、オホクニヌシに不可欠だった助けを与えて、彼のした「国作り」を完成させたが、そのあいだこの神の活動が、助けを受けているオホクニヌシの目に、見えることは無かった。それと違ってスクナビコナは、『日本書紀』によれば最初に出現したときには見たように、海から声だけが聞こえてきて、探しても見えなかったほど体が微小だったと言われているが、オホクニヌシの「国作り」を手伝っていたあいだ中いつも、この神の間近にはっきりと、姿を現わしていた、またオホモノヌシが、いったん本来の居場所である三輪山に鎮座すると、そこから動くことをせぬのと違って、スクナビコナは一つの場所に止まることをせずに、絶えず移動し居場所を変えている。最初は天上にいたのに、親神の手の指のあいだからこぼれ下界に落ちて来て、海の波に運ばれてオホクニヌシのもとに来た。そのときに鳥の羽を衣服にしていたことにも、空を自由に飛ぶ鳥のように、居所を一定することのない、この神の性質がよく表現されていると思われる。

「国作り」をしていたあいだも、スクナビコナはオホクニヌシといっしょに、絶えず国中を経回っていて、どこかに居を定めることはなかった。そしてその「国作り」の途中で、来たときと同じようにまたとつぜんオホクニヌシのもとを去り、自分が種を蒔いて育てた粟が実ったときに、その粟の茎に弾かれて海を越え、別世界の常世の国に飛んで行ってしまったとされている。

(9) オホモノヌシと「国作り」の完成

このようなスクナビコナと密接に協力して進行させてきた「国作り」を、オホクニヌシが最後に、そのスクナビコナと多くの点で正反対のような性質を持つと思われる、オホモノヌシに助けられて完成したとされていることには、どのような意味があるのだろうか。そのことについては古川のり子によって、卓抜と思われる説明がされている。(1) オホモノヌシは「モノの偉大な主」という意味の神名だが、「モノ」という語にはもともと、大野晋が「モノとは個人の力では変えることのできない『不可変性』を核とする」と言っている(2)ような、基本の意味がある。一般にその方が基本であるように考えられている、単なる物体を指す使われ方は、じつはその根本の意味から派生したので、そのことを大野は、「それは物体も不可変な存在であるところから、モノと呼ばれるようになったと考えられる」と説明している。(3)

　つまり不変不動で恒常的な定め、原理、秩序を指すのが、モノという語の本来的な意味で、たとえば「世の中は、空しきものと知る時し　いよよますます　悲しかりけり」という、有名な『万葉集』第七九三番歌（巻第五）の中で「もの」は、世の中は空しいということが、変えることのできぬ定めであることを言うために使われている。オホモノヌシの本領は、その呼び名から明らかなように、まさにそのような意味の「モノ」、つまり定め、原理、秩序を確立し維持することだった、それだからこの神を、国の中心の三輪山に不動の信仰の対象として祭り、据えることでオホクニヌシは、それまで彼がスクナビコナとしてきた、活動の結果のすべてを、恒常不変の秩序として確立し、そのことで「国作り」になお不足していた、最後の仕上げを施すことができたのだというのだ。

『日本書紀』神代第八段の一書第六には、スクナビコナがオホクニヌシのもとを去る前に、二神のあいだで、意味がすこぶる深遠と思われる問答が交わされたことが、こう物語られている。

嘗《むかし》、大己貴命、少彦名命に謂《かた》りて曰はく、「吾等が所造《つく》れる国、豈《あに》善く成せりと謂はむや」とのたまふ。少彦名命対《こた》へて曰はく、「或《ある》は成せる所も有り。或は成らざるところも有り」とのたまふ。是の談《ものかたりこと》、蓋《けだ》し幽深《ふか》き致《むね》有らし。

つまりこれによればスクナビコナは、オホクニヌシといっしょに進めてきた「国作り」に、まだ未完成なところがあることを、よく知っていたとされているわけだが、それだけでなく彼は、それをオホクニヌシといっしょに完成させることが、自分にできることではないことも、よく承知していたのだと思われる。それだから彼はその未完成な「国作り」を、オホクニヌシを助けて仕上げる仕事は、そのことを使命とするオホモノヌシに任せて、自身は常世の国に去ったので、『日本書紀』に「是の談、蓋し幽深き致有らし」と言われているのは、そのことを意味しているのだと思われる。

スクナビコナとした旅の締め括りとして、この神に去られたあとにオホクニヌシは見てきたように、オホモノヌシの目に見えぬ助けを受けながら、スクナビコナとしてきたことの結果のすべてを、不動の秩序に定めて「国作り」を完成させた。スクナビコナと彼がしたこの旅はこれも見たように、観点を変えて述べれば、彼がヤチホコの神としてした、妻問いの旅でもあった。その旅を「遠々し　高志の国」のヌナカハヒメとの結婚によって終えた後には、彼は見てきたように出雲に帰った。そしてそこでスセリビメに懇願された通りに、それ以上は妻問いを続けることを止め、あらためて盃を交わし首に手を掛け合って抱擁して、この正妻との夫婦の契りを、不動のものとすることを固く誓い合った。そのことで彼とスセリビメとの結婚は、オホモノヌシが三輪山に祭られることによって定まった恒久の秩序の一部となった。それでスサノヌがかつてオホクニヌシと別れるに当たって叫んだ、「その我が女須世理毘売を嫡妻として」という命令は、その通りに実現されることになったわけだ。

つまりオホクニヌシがスクナビコナとした旅に、彼がヤチホコの神としてした妻問いの旅と、たがいに重なり合う意味があるのと同様に、彼が一方でその妻問いのあとに、スセリビメと遂げた媾合は、他方でスクナビコナとした旅のあとに、オホモノヌシを三輪山に祭ったことと、どちらも「国作り」の仕上がりを画する出来事として、たがいに呼応しあう関係があるのだと思われる。

第三章　「国譲り」と「天孫降臨」に示された神々の働き

(1) 失敗したオシホミミの降臨と、アメノホヒとアメノワカヒコの派遣

『古事記』によれば、オホクニヌシによって「国作り」がされたところで、天から下界を見たアマテラス大御神は、その「国作り」された土地を、「稲を植えれば、秋が来るたびに、永遠に豊かな稲穂が実り続ける国」という意味の、「豊葦原の千秋長五百秋の水穂の国」と呼んだ。そしてその水穂(『日本書紀』では瑞穂)の国は、自分の子のマサカツアカツカチハヤヒアメノオシホミミの命が、統治するべき国だと言って、オシホミミの命に降りて行って、その国の支配者になるように命令した。そうするとオシホミミは、天から下界に降りて行くための通路の天の浮橋(虹の橋)の上に立ち、そこから下界を見て、「豊葦原の千秋長五百秋の水穂の国は、たいへん騒がしい」と言った。つまり確かに、稲を秋ごとに豊かに実らすことのできる国だが、ひどく物騒で、自分が降りて行って統治できるような状態ではないと言ったというのだ。そしてそこからまた天に帰って、アマテラスにそのことを、報告したとされている。そのことは、こう物語られている。

天照大御神の命《みこと》もちて、「豊葦原の千秋長五百秋の水穂の国は、我が御子、正勝吾勝勝速日天忍穂耳命の知らす国ぞ」と言《こと》よさしたまひて、天降したまひき。ここに天忍穂耳命、天の浮橋に立たして詔《の》りたまひしく、「豊葦原の千秋長五百秋の水穂の国は、いたく騒《さや》ぎてありなり」と告《の》りたまひて、更に還り上りて、天照大御神に請《まを》したまひき。

アマテラスはそこで、後見の役をしている偉い天神のタカミムスヒといっしょに命令して、八百万の天神たちをみんな、天の安の河の河原に集めた。そして「葦原中国を、自分の息子のオシホミミの命に統治させることにしたが、地上には乱暴な土地の神たちが大勢いるということなので、その平定のためにどの神を遣わしたらよいか、天神みんなといっしょに考えるように」と、タカミムスヒの息子の知恵の神のオモヒカネに命じた。それでオモヒカネと天神たちは相談して、「アメノホヒの神を、遣わすのがよいでしょう」と申し上げた。アメノホヒはアマテラスが、スサノヲとウケヒをして子を産み合ったときに、左の角髪（みずら）に付いていた曲玉の飾りから、オシホミミが生まれたのに続いて、右の角髪に付けていた曲玉の飾りから誕生した、アマテラスの息子の神の一人だ。それでそのアメノホヒがまず、地上の神たちを服従させるために派遣されたが、アメノホヒは土地の神の国つ神たちを指揮して支配していた、オホクニヌシにすっかり心服してしまって、追従するようになり、三年経っても天に報告のために戻って来ることがなかったという。そのことは、こう記されている。

　ここに高御産巣日神、天照大御神の命もちて、天の安の河の河原に、八百万の神を神集《かむつど》へに集へて、思金神に思はしめて詔りたまひしく、「この葦原中国は、我が御子の知らす国と言依《ことよ》さしたまへりし国なり。故《かれ》、この国に道速振《ちはやぶ》る荒振《あらぶ》る国つ神等の多《さは》なりと以為《おも》ほす。これ何れの神を使はしてか言趣《ことむ》けむ」とのりたまひき。ここに思金神また八百万の神、議りて白しく、「天菩比神、これ遣はすべし」とまをしき。故、天菩比神を遣はしつれば、すなはち大国主神に媚び附きて、三年に至るまで復奏《かへりごとまを》さざりき。

それでアマテラスとタカミムスヒとは、また天神たちを集めて、「地上に派遣したアメノホヒが、長いあいだ報告に帰ってこないが、今度はどの神を遣はせばよいか」と尋ねた。そうするとオモヒカネがまたみんなを代表して、「アマツクニタマの神の子のアメノワカヒコを遣わすのがよいでしょう」と申し上げた。それでそのアメノワカヒコに、国つ神たちを平定するための武器として、アメノマカコ弓という弓と、アメノハハ矢という矢を与えて、地上に降りて行かせた。だがこの神は地上に着くとオホクニヌシから、シタテルヒメという娘の神を、妻に与えられた。そしてやがて義父から受け継いで、自分が国の主になれるのではないかと考えて、八年のあいだ天に報告に帰ってこなかったという。そのことは、こう物語られている。

ここをもちて高御産日神、天照大御神、また諸《もろもろ》の神等に問ひたまひしく、「葦原中国に遣はせる天菩比神、久しく復奏《かへりごとまを》さず。また何れの神を使はさば吉《よ》けむ」ととひたまひき。ここに思金神、答へ白ししく、「天津国玉神の子、天若日子を遣はすべし」とまをしき。故《かれ》ここに天之麻迦古弓《まかこゆみ》、天之波々矢《ははや》を天若日子に賜ひて遣はしき。ここに天若日子、その国に降り到る即ち、大国主神の女《むすめ》、下照比売《したてるひめ》を娶《めと》し、またその国を獲むと慮《おもひはか》りて、八年に至るまで復奏さざりき。

アマテラスとタカミムスヒはそこでまた、天神たちを集めた。そして「アメノワカヒコが長いあいだ、報告に帰ってこないが、今度はどの神を遣わしてアメノワカヒコに、いつまでも地上に留まっているわけを問いたださせればよいか」と尋ねた。そうすると天神たちとオモヒカネは、「ナキメという名のキジを遣わせばよい」と返答した。それでそのキジのナキメに、「行ってアメノワカヒコに、乱暴な地上の神たちを服従させるために派遣されたのに、なぜ八年経っても報告に帰ってこないのか」と、質問するように命令した。

キジのナキメはそれで天から降りて行って、アメノワカヒコが住んでいる家の門に生えている、神聖なカツラの木にとまった。そしてアメノワカヒコに、命じられてきたことを委細もらさず伝えた。そうするとアメノサグメという女神が、この鳥の言葉を聞いて、アメノワカヒコに語りかけて、「この鳥の鳴き声がひどく悪いので、射殺しておしまいなさい」と、進言した。アメノワカヒコはそれで、天から授かってきた弓と矢で、キジを射殺した。そのことは、こう物語られている。

故ここに天照大御神、高御産巣日神、また諸の神等に問ひたまひしく、「天若日子久しく復奏せず。また曷《いづ》れの神を遣はしてか、天若日子が淹留《ひさしくとど》まる所由《ゆゑ》を問はむ」と、とひたまひき。ここに諸の神また思金神、「雉《きぎし》、名は鳴女《なきめ》を遣はすべし」と答へ白しし時に、詔りたまひしく、「汝行きて天若日子に問はむ状《さま》は、『汝を葦原中国に使はせる故、その国の荒振る神等を、言趣《ことむ》け和《やは》せとなり。何《いか》にか八年に至るまで復奏さざる』ととへ」とのりたまひき。

故ここに鳴女、天より降り到りて、天若日子の門なる湯津楓《ゆつかつら》の上に居て、委曲《まつぶさ》に天つ神の詔りたまひし命の如言ひき。ここに天佐具売《あめのさぐめ》、この鳥の言ふことを聞きて、天若日子に語りて言ひしく、「この鳥は、その鳴く音甚悪《こゑいとあ》し。故、射殺すべし」と云ひ進むる即ち、天若日子、天つ神の賜へりし天之波士弓《はしゆみ》、天之迦久矢《かくや》を持ちて、その雉を射殺しき。

オホクニヌシが作り上げて支配していた国の豊かさを天上から見て、アマテラスはこのように、そこに自分の息子のオシホミミを降りて行かせて、その国を統治させようとした。だがそのアマテラスの意図を受けて、天神たちがそのためにした努力は、はじめのうちは国を現に支配しているオホクニヌシの力に歯が立たず、十一年間にわたって失敗に次ぐ失敗をし続けたことになっている。まず地上への降下を命じられたオシホミミは、空中から見下ろして地上にいる神たちの勢いに恐れをなして、自分にはこんな物騒な国の統治はできないと言って、そのまま降りて行かずに天に帰ってきてしまった。

アマテラスはそれでタカミムスヒといっしょに、八百万の天神たちみんなを、天の安の河の河原に集めた。そしてアマテラスが天から降ろすことにした子の神の支配に逆らう、大勢の地上の神たちを説得して服従させるために、どの神を派遣すればよいのかを、智恵の神のオモヒカネといっしょに考えるように命令した。そしてオモヒカネと天神たちが相談してした提案に従って、まずアマテラスの息子の一人のアメノホヒを、そのために地上に派遣したが、そのアメノホヒは地上の神たちの統領のオホクニヌシに、すっかり手懐けられてしまった。そしてオホクニヌシに取り入り媚びへつらうようになって、三年経っても天に報告に帰ってこなかった。

タカミムスヒとアマテラスはそこで、また「次にはどの神を遣わせばよいか」と、天神たちとオモヒカネに尋ね、オモヒカネの述べた意見に従って、アメノワカヒコという神を、反抗する地上の神たちを平定するための武器として、弓と矢を授けて派遣した。ところがそのアメノワカヒコは、地上に着くとすぐにオホクニヌシから、シタテルヒメという娘の神を妻に与えられて、オホクニヌシの聟になってしまった。そして国をやがては自分のものにできると画策するようになって、八年経っても天に報告に帰ってこなかった。その上天から、なぜ八年も報告に帰ってこないのか詰問するために、使者としてキジが送られてくると、その声をうるさがって、地上の神を平定するために天から授かって来た、弓と矢をその天からの死者に向けて放ち、キジを射殺してしまったというのだ。

(2) タカギの神と剣神の威力

アメノワカヒコがキジに向かって射た矢は、キジの胸を貫通し、そのまま天まで飛んで行って、アマテラスと、この場面ではタカギの神という渾名で呼ばれているタカミムスヒが、天の安の河の河原に天神たちを集めているところにとどいた。タカギの神がその矢を取り上げてみると、矢羽根に血が付いていた。それでタカギの神は、「これはアメノワカヒコに授けた矢だ」と言って、天神たちに見せた。そして、「もしアメノワカヒコが命じられた通りに、悪い神を射たのなら、この矢がアメノワカヒコに中《あた》らないように。もしも邪しまな心を持って射たのなら、アメノワカヒコはこの矢によって、災いを受けて死ぬように」と言って、その矢を天にとどいたときに通り抜けてきた穴から、下界に投げ返した。そうすると矢は、朝にまだ寝床に寝ていたアメノワカヒコの胸に命中して、アメノワカヒコは死んだ。そのことは、こう物語られている。

ここにその矢、雉の胸より通りて、逆《さかしま》に射上げらえて、天の安の河の河原に坐す天照大御神、高木神の御所《みもと》に逮《いた》りき。この高木神は、高御産巣日神の別《また》の名ぞ。故《かれ》、高木神、その矢を取りて見たまへば、血、その矢の羽に著《つ》けり。ここに高木神、「この矢は、天若日子に賜へりし矢ぞ」と告《の》りたまひて、すなはち諸の神等に示《み》せて詔りたまひしく、「或《も》し天若日子、命《みこと》を誤たず、悪しき神を射つる矢の至りしならば、天若日子に中《あた》らざれ、或《も》し邪き心有らば、天若日子この矢に禍《まが》れ」と云ひて、その矢を取りて、その矢の穴より衝《つ》き返し下したまへば、天若日子が朝床に寝し高胸坂に中りて死にき。

アメノワカヒコは前節の終わりに見たように、八年にわたって高天原に対する裏切りを続けた末に、その事情を詰問するための使者として天から送られてきたキジを、国を平定するための武器として、天から授かってきた弓と矢を使って射殺した。そうするとアマテラスと共に天神たちを指揮していた、別名タカギの神というタカミムスヒが、キジの胸を貫通して天までとどいたその矢を取り上げ、厳かな呪言を唱えることで、至大な呪力をこめて投げ返して、アメノワカヒコの胸元に命中させて彼を殺した。つまりこのやり方でタカミムスヒは、天にいたままで下界で睡臥していたことになっている裏切者を、瞬時のうちに成敗したとされているわけだ。

タカミムスヒがこのようにして、持ち前の絶大な力を振るってみせたこの事件を契機にして、それまで見てきたようにオホクニヌシに対して劣勢であるように見えていた天神たちの力が、一転してオホクニヌシを凌駕するようになる。

アメノワカヒコの派遣が見たような失敗に終ったあとにアマテラスはまた、「どの神を遣わせばよいか」と天神たちに尋ねた。そうするとオモヒカネと天神たちは、「天の安の河の河上の岩屋にいる、イツノヲハバリの神か、そうでなければその神の子のタケミカヅチノヲの神を、遣わすのがよいでしょう」と答えた。そして、「アメノヲハバリともいう神は、天の安の河の水を逆にせき上げて、自分のいるところに来る道を塞いでいるので、他の神にはそこに行くことができません。ですからアメノカクの神を遣わして、どうするか意向を、尋ねさせればよいでしょう」と言った。それでアメノカクの神を遣わして尋ねさせると、ヲハバリは、「恐れ多いことでお仕えしますが、その使者の任務には、私の子のタケミカヅチの神を、お遣わしになられてください」と言って、タケミカヅチの神を差し出した。それでそのタケミカヅチを、アメノトリフネという神といっしょに、地上に派遣したのだという、そのことは、こう物語られている。

ここに天照御大神、詔りたまひしく、「また曷《いづ》れの神を遣はさば吉《よ》けむ」とのりたまひき。ここに思金の神また諸の神白ししく、「天の安の河の河上の天の石屋に坐す、名は伊都之尾羽張神、これは遣はすべし。もしまたこの神にあらずは、その神の子、建御雷之男神、これ遣はすべし。またその天尾羽張神は、逆《さかしま》に天の安の河の水を塞き上げて、道を塞きて居る故に、他神《あだしかみ》は得行かじ。故。別に天迦久神を遣わして問ふべし」とまをしき。故ここに天迦久神を使はして、天尾羽張神に問はしし時に、答へ白ししく、「恐《かしこ》し。仕へ奉らむ。然れどもこの道には、僕《わ》が子、建御雷神を遣はすべし」とまをして、すなはち貢進《たてまつ》りき。ここに天鳥船神を建御雷神に副へて遣はしたまひき。

ここでイツノハヲハバリともアメノヲハバリとも呼ばれているヲハバリの神は、イザナキが帯びていたという剣がそのまま神格化された剣神だ。イザナキはその剣で、息子の火の神のカグツチが、誕生したときに母のイザナミの陰部を焼いて、イザナミを死なせたことを怒って、カグツチの首を斬った。タケミカヅチは、そのときに流れた血が、剣から岩にほとばしって生まれたとされている神の一人で、父の剣神の性質を受け継いでいた。

『古事記』でそのタケミカヅチに、使者として同行したとされているアメノトリフネは、空の海を、鳥が飛ぶようにして航行すると考えられた船の神で、タケミカヅチが地上に行くための乗物の役を務めたのだと思われる。

『日本書紀』では後に見るように、アメノトリフネではなく、フツヌシという神が、タケミカヅチといっしょに、地上に派遣されたことになっている。このフツヌシも、イザナキがカグツチを斬ったときに、剣からしたたった血が岩となり、その岩から生まれたとされている剣の神で、フツヌシのフツは、剣で物を切るときの音を表わすと思われ、そのことからも、剣そのものの神格化された神であることが明瞭だと思われる。

『古事記』ではタケミカヅチは地上に着くと、オホクニヌシの前で、剣神の凄じい威力を存分に発揮してみせたことになっている。タケミカヅチはアメノトリフネといっしょに、出雲の国のイザサ（島根県簸川郡大社町の稲佐）という海岸に降り、そこで剣を抜いて、切っ先を上にして波頭の上に突き立てた、そしてその上に、足をあぐらに組んで坐って、出迎えたオホクニヌシに、葦原中国をアマテラスの子の神に統治させるという、アマテラスとタカギの神の意志を伝え、オホクニヌシが支配している国を、その天神の子に譲るかと尋ねた。

そうするとオホクニヌシは、「自分には答えられないので、息子のヤヘコトシロヌシの神が、代わって返答するが、そのコトシロヌシは、鳥と魚を捕りに御大《みほ》（美保）の岬に行っていて、ここにはいない」と、返事をした。それでアメノトリフネに迎えに行かせ、連れてきて質問するとコトシロヌシは、「恐れ多いことです。この国は天つ神の御子に献上しましょう」と言って、乗って来た船を踏んで傾け、普通とは逆の仕方（手のひらを外にひるがえして打ち合わせたことか）で柏手《かしわで》を打ち鳴らして、船を青々とした灌木の垣根に変え、その中に姿を隠したという。そのことは、こう物語られている。

ここをもちてこの二はしらの神、出雲国の伊那佐の小浜に降り到りて、十掬剣《とつかのつるぎ》を抜きて、逆《さかしま》に浪の穂に刺し立て、その剣の前《さき》に趺《あぐ》み坐《ま》して、その大国主神に問ひて言《の》りたまひしく、「天照大御神、高木神の命《みこと》もちて、問ひに使はせり。汝がうしはける葦原中国は、我が御子の知らす国ぞと言依《ことよ》さしたまひき。故《かれ》、汝が心は奈何《いか》に」とのりたまひき。ここに答えて白ししく、「僕は得白さじ。我が子、八重言主代主神、これ白すべし。然るに鳥遊《とがり》をし、魚取りて、御大《みほ》の前《さき》に往きて、未だ還り来ず」とまをしき。故ここに天鳥船神を遣はして、八重事代主神を徴《め》し来て、問ひたまひし時に、その父の大神に語りて言ひしく、「恐《かし》こし。この国は、天つ神の御子に立奉らむ」といひて、すなはちその船を踏み傾けて、天の逆手《さかて》を青柴垣に打ち成して、隠りき。

（3）タケミカヅチの降伏と、オホクニヌシの「国譲り」

タケミカヅチはそれでオホクニヌシに、「あなたの子のコトシロヌシはこのように言ったが、他にまだこのことで返答をさせねばならぬ子がいるか」と尋ねた。そうするとオホクニヌシは、「もう一人タケミナカタという子がいます。他にはだれもいません」と言った。そう言っているところにそのタケミナカタが、千人かかってやっと動かせるほど巨大な岩を、手先で軽々と差し上げて見せながらやって来た。そして「私の国に来て、そのようにひそひそ話をしているのはだれだ。さあ力比べをしよう。私の方が先に、そちらの手を取ることにする」と言った。それでタケミナカタが手を取らせたところが、その手は相手の手の中で、まず氷の柱に変わり、次に剣の刃に変わった。それでタケミナカタが恐れて引き下がると、タケミカヅチは、「今度は私が、そちらの手を取る番だ」と言って、タケミナカタの手を取って、その手を若い葦のように握りつぶして、投げ捨ててしまった。

タケミナカタはびっくりして逃げ出したが、タケミカヅチは追い駆けて行って、信濃の国の諏訪湖まで追い詰めて殺そうとした。タケミナカタはそれで降参して命乞いをし、自分はこの場所に留まって、他のところに行くことはしないと約束した。そして父のオホクニヌシと兄のコトシロヌシの言うことに従って、葦原中国は天つ神の御子に献上すると言った。そのことはこう物語られている。

故ここにその大国主神に問ひたまひしく、「今汝が子、事代主神、かく白しぬ。また白すべき子ありや」ととひたまひき。ここにまた白ししく、「また我が子、建御名方神あり。これを除きては無し」とまをしき。かく白す間に、その建御名方神、千引の石を手末《たなすゑ》に擎《ささ》げて来て、「誰ぞ我が国に来て、忍び忍びにかく物言ふ。然らば力競べせむ。故《かれ》、我先にその御手を取らむ」言ひき。故、その御手を取らしむれば、すなはち立氷《たちひ》に取り成し、また剣刃《つるぎは》に取り成しつ。故ここに懼《おそ》りて退き居りき。ここにその建御名方神の手を取らむと乞ひ帰して取りたまへば、若葦を取るが如《ごと》、搤《つか》み批《ひし》ぎて投げ離ちたまへば、すなはち逃げ去《い》にき。故、追ひ往きて、科野国《しなのくに》の州羽《すは》の海に迫め到りて、殺さむとしたまひし時、建御名方神白ししく。「恐《かしこ》し。我をな殺したまひそ。この地を除きては、他処《あだしところ》に行かじ。また我が父、大国主神の命に違はじ。八重事代主神の言に違はじ。この葦原中国は、天つ神の御子の命の随《まにま》に献らむ」とまをしき。

タケミカヅチはそこでまた出雲に帰って来てオホクニヌシに、「あなたの子のコトシロヌシとタケミナカタの二神は、天つ神の御子に服従して、国を献上することに同意したが、あなた自身の考えはどうなのか」と尋ねた。そうするとオホクニヌシは、「私の子の二柱の神が申すことに、私も背かずに従って、この国は命じられた通り献上します」と言った。そしてただ自分の住む場所は、天つ神の御子がそこで皇位に登られる立派な御殿のように、地底の岩の上に太い柱を立て、屋根の飾りの千木が天までとどくほど壮大に造って、自分をそこに祭ってほしいと要求し、そうしてくれれば自分はこの出雲にいて、人の目に姿を見せることはしないと言った。また私の子の大勢の神たちは、まっ先に国譲りに承知をしたコトシロヌシの神が、諸神の後抑えを務めまた先頭に立って、天つ神の御子にお仕えするので、違反する神はありませんと言った。そのことは、こう物語られている。

故、更にまた還り来て、その大国主神に問ひたまひしく、「汝が子等、事代主神、建御名方神の二はしらの神は、天つ神の御子の命の随《まにま》に違はじと白しぬ。故、汝が心は奈何《いか》に」とひたまひき。ここに答へ白ししく、「僕が子等、二はしらの神の白す随《まにま》に、僕は違はじ。この葦原中国は、命の随に既に献らむ。ただ僕が住所をば、天つ神の御子の天津日継知らしめす、とだる天の御巣《みす》如《な》して、底つ石根に宮柱ふとしり、高天の原に氷木《ひぎ》たかしりて治めたまはば、僕は百足らず八十坰手《くまで》に隠りて侍ひなむ。また僕が子等、百八十神は、すなはち八重事代主神、神の御尾前《みをさき》となりて仕へ奉らば、違ふ神はあらじ」をまをしき。

『古事記』にはこのようにオホクニヌシは、天から最後にやって来た剣神の威力には対抗ができずに、ついに長いあいだの抵抗を止めて、「国譲り」をしたように物語られている。だがこの話でも彼は見たようにそのことで、偉大な神としての力と資格を、失ったことになってはいない。「国譲り」をしたあとも、彼は自分が屋根の飾りが天までとどくほど、並外れて立派な住居を建ててもらい、そこに丁重に祭られ続けることを要求した。それで彼は、古代には実際に天までとどくかと思われるほど、並外れて高く築かれていたことが知られている、壮大な出雲大社に祭られることになったとされているわけだ。

『日本書紀』には前述したように、タケミカヅチといっしょにこれも剣の神であるフツヌシが、天から「国譲り」を求めるために最後の使者として、オホクニヌシのもとに送られたことになっている。『日本書紀』神代第九段の本文によれば、タカミムスヒが地上に派遣する神を選ぼうとしたときに、天神たちはまずみなで、「フツヌシがよい」と言った。そうするとイツノヲハシリ（『古事記』でイツノヲハバリと呼ばれている神の別名）の子孫のタケミカヅチが自分から進み出て、「フツヌシだけでなく、自分だって勇士だ」と激しい語気で言った。それでこの二神が、地上の平定のために遣わされたのだとされている。そのことは、こう物語られている。

　是の後に、高皇産霊尊、更に諸神を会へて、当に葦原中国に遣すべき者を選ぶ。僉《みな》曰さく、「磐裂根裂神《いはさくねさくのかみ》の子磐筒男《いはつつのを》・磐筒女《いはつつのめ》が生める子経津主神、是佳《よ》けむ」とまうす。時に、天石窟に住む神、稜威雄走神《いつのをはしりのかみ》の子甕速日神《みかはやひのかみ》、甕速日神の子熯速日神《ひのはやひのかみ》、熯速日神の子武甕槌神《たけみかつちのかみ》有《ま》す。此れの神進みて曰さく、「豈唯《あにただ》経津主神のみ独り丈夫にして、吾は丈夫にあらずや」とまうす。其の辞気慷慨《ことばいきざしはげ》し。故《かれ》、以て即ち、経津主神に配《そ》へて、葦原中国を平《む》けしむ。

『日本書紀』神代第九段の一書第二には、フツヌシとタケミカヅチとが出雲に降って、オホアナムヂつまりオホクニヌシに、「汝、将に此の国を以て、天神に奉らむや以不《いな》や」と言って、「国譲り」をするかどうか、意志を尋ねたということが記されている。そうするとオホアナムヂは、「疑ふ、汝二の神は是吾が許に来ませるに非《あら》ざるか。故、許さず」と答えたと語られている。つまり二柱の神が、本当にそのために自分のもとに来た使者なのかどうか疑わしいのに、そんなことを言うのは許せないと、抗議したというのだ。

フツヌシはそれでまたタケミカヅチといっしょに、いったん天に帰ってそのことを報告した。そうするとタカミムスヒは、二柱の神をまた出雲に送って、あらためてオホアナムヂに天からのねんごろな言葉を伝えさせた。そしてその中でまず、「今、汝が所言《ますすこと》を聞くに、深く其の理《ことわり》あり」と言って、オホアナムヂが天からの使者たちにした抗議が、もっともであることを認めた。それから「故、更に条々《おちおち》にして勅《みことのり》せむ」、つまり「国を奉れ」と命令したことの意味を、一々筋道を立てて説明すると言って、まず「夫れ汝が治す顕露《あらはに》の事は、是吾孫《すめみま》治すべし。汝は以て神事を治すべし」と、あらためて指示した。つまり「あなたがいま支配している人の目に見える世界のことは、天から送られる天孫の裁量に任せねばならないが、人の目に見えぬ神のことは、これまで通りあなたが掌るのだ」と、言い聞かせた。

そしてその上で、「又汝が住むべき天日隅宮《あめのひすみのみや》は、今供造りまつらむこと、即ち千尋《ちひろ》の栲縄《たくなは》を以て、結ひて百八十紐《ももむすびあまりやそむすび》にせむ。其の宮を造る制《のり》は、柱は高く大《ふと》し。板は広く厚くせむ」と言って、オホアナムヂが住む場所として立派な宮殿を、楮《こうぞ》の樹皮で作った一〇〇〇尋（一五〇〇メートル以上）の長さの頑丈な縄を、百八十結びにしっかりと結んで作り、その建物の柱は高く太くし、建造には広く厚い板を使うことを約束した。
またさらに、「又田供佃《みたつく》らむ。又汝が往来《かよ》ひて海に遊ぶ具《となへ》の為には、高橋・浮橋及び天鳥船、亦供造《つく》りまつらむ。又天安河に、亦打橋《うちはし》造らむ。又百八十縫《ももぬひあまりやそぬひ》の白楯《しらたて》供造《つく》らむ。又汝が祭祀《まつり》を主どらむは、天穂日命、是なり」と言って、オホアナムヂのために田を設ける上に、下界と天の海で遊ぶことができるように橋と船を作り、天上の天の安の河にもそのための橋をかけ、また何重にも丈夫に縫い合わせた白楯も、彼のために作ることを約束した。そして最後にオホアナムヂの祭りは、アメノホヒに掌らせることにすると言った。アメノホヒは前に見たように、天から地上の神たちを服従させるために、最初に送られ、そのままオホクニヌシに手なずけられて、心服してしまったとされている、アマテラスの息子の神だ。

そうするとオホアナムヂは、天からのこの懇切な申し入れに従うことに、謹んで同意した。そして言われた通り「国譲り」をして、いま自分が支配している目に見える世界の統治は、天からそのために降りて来る天孫に委ね、自身は姿を隠して見えぬ世界を掌ることを承知したとされ、そのことはこう記されている。

是に、大己貴神報へて曰さく、「天神の勅教《のたまふみこと》、如此慇懃《かくねんごろ》なり。敢へて命《おほせこと》に従はざらむや。吾が治す顕露《あらは》の事は、皇孫《すめみま》当《まさ》に治《をさ》めたまふべし。吾は退《さ》りて幽事《かくれたること》を治めむ」とまうす。

（4）オホクニヌシと国つ神たちの処遇

　ここでタカミムスヒが使者の神たちにあらためて伝えさせたというねんごろな言葉の中で「又田供佃《みたつく》らむ」と言われて、オホクニヌシのために田を作る約束がされたことになっているのは、一見すると不自然であるようにも思われる。なぜならオホクニヌシは見てきたように、農作を掌るのが本分の豊穣神で、『出雲国風土記』と『播磨国風土記』では、前章の第六節で見たように、稲作も彼が、スクナビコナといっしょに、地上に広めたことが物語られている。その彼のために、高天の原の天神がわざわざ、稲を植える田を作ってやるというのは、奇妙なことと思われるからだ。

　だがオホクニヌシが「国作り」をしながら、稲作を地上に広めたということは、『古事記』と『日本書紀』には語られていない。『日本書紀』神代第五段の一書第十一には、ツクヨミがウケモチという神を切り殺したときに、食物（ウケ）の女神だったウケモチの死体の諸処から、五穀などが発生し、それを天から様子を見に派遣されたアマノクマヒトという神が、高天の原に持ち帰ってアマテラスに献上したことが物語られている。
そうするとアマテラスは喜んで、五穀のうちの粟とヒエと麦と豆（大豆と小豆）を、「これは人間が生きるのに必要な食物」だと言って、地上の畑に植えられる作物に定め、稲はそれらと区別して、水田に植えられる作物にした。そして天上での稲作を指揮する神を任命し、最初の田を高天の原に作らせて稲を植えさせたところが、その年の秋には垂り穂がみごとに実って、豊かな収穫が得られたとされ、そのことは、こう語られている。

時に、天照大神喜びて曰はく、「是の物は顕見《うつ》しき蒼生《あをひとくさ》の、食ひて活くべきものなり」とのたまひて、乃ち粟稗麦豆を以ては、陸田種子《はたけつもの》とす。稲を以ては水田種子《たなつもの》とす。又因りて天邑君《あまのむらきみ》を定む。即ち其の稲種を以て、始めて天狭田《あまのさなだ》及び長田《ながた》に殖《う》う。其の秋の垂穂《たりほ》、八握《やつかほ》に莫莫然《しな》ひて、甚だ快し。

また第一章の第二節でもすでに見たように、『古事記』にも『日本書紀』にも、スサノヲが天に昇って来たときに、高天の原には田が作られていて、スサノヲがそれを荒らしたことが物語られている。つまり『古事記』でも『日本書紀』でも稲は、もともとは天神たちの食物で、地上ではなく高天の原に田が作られて、栽培されていた。そしてその天神の食物だった稲が、後に見るようにして天孫降臨のときに、アマテラスから天孫のホノニニギに授けられて、地上にもたらされたことになっているわけだ。

確かにスクナビコナには見たように、種の神格化された穀霊の性格が、はっきりと見られる。だが彼に種が神格化されていた穀物は、粟が実ったときに、粟の茎に弾かれて常世の国に飛んで行ったという話からは、第一義的には明らかに粟だったと思われる。『日本書紀』にはオホクニヌシがスクナビコナと、「国作り」をして地上に栽培を広めたのが稲ではなく、ウケモチの話にアマテラスが「顕見しき蒼生の食ひて活くべきもの」に定め、「陸田種子」にしたことを物語られている、粟を始めとする雑穀と豆の類だったことを、はっきりと示すと思われる話が記されている。神代第九段の一書第六には、アメノワカヒコが地上に降りて行ったまま、いつまでも高天の原に帰ってこない理由を知ろうとして、タカミムスヒは天からまずナナシヲノキギシつまり名の無い雄のキジを、地上の様子を見に派遣したことが語られている。ところがこのキジは、「降来《とびくだ》りて、因りて粟田《あはふ》・豆田《まめふ》を見て、留《とどま》りて返らず」と記されている。つまりキジの好物の粟や豆が植えられているのを見て、喜んでそのまま地上に居着いてしまって、天に帰ってこなかったというのだ。それで天からは、あらためて前に見たように、雌のキジが地上に送られて、そのナナシメノキギシがアメワカヒコに射殺されたのだと物語られている。

この話にはこのように、オホクニヌシによる「国作り」が完成したときに、地上にとりわけ粟と豆が、それらを大好物にしているキジが見て大喜びをして、夢中になって天から受けてきた任務をすっかり忘れてしまうほど、ふんだんに栽培されていたことが、はっきりと物語られている。それはオホクニヌシがスクナビコナといっしょに地上に栽培を広めたのは、『日本書紀』神代第五段の一書第十一に見たように、アマテラスが「顕見しき蒼生の、食ひて活くべきものなり」と言って、「陸田種子《はたけつもの》」にしたことを物語られているこれらの作物だったとされているからだと思われる。つまり『古事記』と『日本書紀』の神話では、オホクニヌシに「国譲り」が求められた時点では、稲はまだ地上で人間が栽培できる作物になっておらず、天神たちによって高天の原で育てられ、そこで収穫される米は、天神だけが賞味できる食物だったと見なされていた。それだから右に見た『日本書紀』の記事の中でタカミムスヒは、「国譲り」をする代償にオホクニヌシのためにわざわざ地上に特別の田を作って、爾後は天神たちと同様に彼も、神聖な食物の米を賞味できるようにすることを、約束したとされているのだと思われる。

「国譲り」の神話にはこのように、オホクニヌシの「国作り」によって豊かに作り上げられた国に、自分の子孫の神を降して支配させようとしたアマテラスと、それに抵抗して自身が国の主であり続けようとしたオホクニヌシのあいだで、長いあいだにわたって対立があったことが物語られている。この対立は、オホクニヌシを統領とする国つ神たちを服従させようとして、最初にアメノホヒが天から地上に派遣されてから三年、そのあとに同じ目的でアメノワカヒコが天から送られてから八年、合わせて十一年も続いた。だが『古事記』には、天から最後に使者としてやって来た剣神のタケミカヅチの威力にはオホクニヌシも対抗ができずに、ついに長いあいだの抵抗を止めて、「国譲り」をしたと物語られている。

だがこの『古事記』の話でも彼は見たようにそのことで、極めて偉大な神としての力と資格を失ったことにはなっていない。「国譲り」をしたあとも彼は、自分のために屋根の飾りが天までとどくほど、並外れて立派な住居を建ててもらい、そこに丁重に祭られ続けることを要求して、その通りになったとされている。

右に見た『日本書紀』の記事ではオホクニヌシは、最後に使者として彼のもとに派遣されてきた、フツヌシとタケミカヅチと二柱の剣神たちの威力に屈服するどころか、最初は彼らがそのために来た使者なのか疑わしいと言って、いったんは言い分に耳を傾けることもせずに、天に帰らせた。そうするとその報告を受けたタカミムスヒは、また同じ剣神たちを降りて行かせて、オホクニヌシがこの天からの使者たちにした冷淡な扱いがもっともな対応だったと認めた上で、あらためて懇切な言葉で、「国譲り」の要求の意味と、オホクニヌシがそのあとに受けることになる、極めて手厚い処遇を詳しく説明させた。それでオホクニヌシは、「顕露之事」は天からそのために降りて来る天孫に任せても、「神事」はこれまで通り自分が掌り続け、住居として立派な宮殿を建ててもらい、そこで至れり尽くせりの取り扱いを受けて、アマテラスの息子の一人で自分に心従したアメノホヒによって祭られるという、天からの申し入れに満足した。そしてそこではじめて、「国譲り」を謹んで承知したことになっている。

オホクニヌシが「国譲り」をしたあと、それまで彼を統領にして高天の原に反抗を続けてきた眷属の大勢の国つ神たちも、支配者として降りて来る天神の子に仕え、守護することになったとされている。『古事記』にはオホクニヌシが、「国譲り」を承知したのに続いて、「また僕が子等、百八十神は、すなはち八重事代主神、神の御尾前《みをさき》となりて仕へ奉らば、違ふ神あらじ」と言って、彼らが最初に「国譲り」を承知したコトシロヌシに、あと押しをされまた先導されながら、奉仕することを約束したとされている。

『日本書紀』神代第九段の一書第二には、オホクニヌシが「国譲り」をしたあとに、彼を助けて「国作り」を完成させたというオホモノヌシが、コトシロヌシといっしょに、八十万の国つ神たちを率いて天に昇って行って、「誠款《まこと》の至《いたり》を陳す」つまり忠誠心を披瀝したことが語られている。そうするとタカミムスヒはオホモノヌシに、「あなたが国つ神を妻にするのでは、私に心服しているか疑わしく思うだろうから、私の娘のミホツヒメを、あなたに妻として与えると言って、オホモノヌシを自分の娘の女神と結婚させた。そして「八十万の神を率いて、永久に天孫を守護するように」と言って、地上に降りて行かせたとされ、そのことはこう物語られている。

時に高皇産霊尊、大物主神に勅すらく、「汝若し国神を以て妻とせば、吾猶《われなほ》汝を疏《うと》き心有りと謂《おほ》はむ。故《かれ》、今吾が女《むすめ》三穂津姫を以て、汝に配《あは》せて妻とせむ。八十万神を領《ひき》ゐて、永《ひたぶる》に皇孫の為に護り奉れ」とのたまひて、乃《すなは》ち還り降らしむ。

（5）葛藤によっても地位を失わぬ神たち

これまでくり返して見てきたように日本の神話には、神々のあいだで激しい対立や葛藤があっても、それが解決される過程で、対立した両者のうちのどちらか一方の存在とか価値が否定されることにならないという大きな特徴がある。第一章で見たようにスサノヲは、高天の原でアマテラスに対してひどい乱暴を働いて、しまいにたまりかねたアマテラスが天の岩戸に閉じこもって、世界がまっ暗闇の常夜になってしまうという、大災害を引き起こした。それで困惑の極に達した八百万の天神たちは、天の安の河の河原に集まって、どうすればこの混沌の状態を終わらせることができるかを、みんなで相談した。そしてそこで知恵の神のオモヒカネが考えたやり方に従って、それぞれの神が持ち前の特色を懸命に発揮しながら、固く鎖されていた岩屋戸の前で、賑やかな祭りをした。それでその陽気な喧騒に誘われてアマテラスは、しまいに内側から岩屋の戸を開き外に招き出されて、天と地はまた明るい日光に照らされるようになり、世界の秩序がようやく回復したとされている。

それだからそうなったところで天神たちはとうぜん、言語道断な非行によってこんなひどい事態を引き起こして、自分たちをさんざん苦しめたスサノヲを、天上にも地上にもいる資格のない神として取り扱った。そして『日本書紀』神代第七段の一書第三によれば見たように、「汝が所行《しわざ》甚だ無頼《たのもしげな》し。故、天上に住むべからず。亦葦原中国にも居るべからず。急《すみやか》に底根《そこつね》の国に適《い》ね」と言って激しく糾弾し、容赦なく地底の根の国に放逐したとされている。

だがアマテラスに対してした理不尽きわまりない所行の所為で、天神たちからこんな厳しい罰を受け、天にも地上にも居場所が無いと宣告されても、スサノヲはそれによって、神の資格と価値を喪失したことにはなっていない。それどころかこの事件のあとで彼ははじめて、偉大な神としての真価を発揮するようになったとされている。高天の原から追放されたあと、根の国に行くより前にいったん、出雲の肥の河の川上に降りたスサノヲは、そこで第一章で見たように、性向をまさにがらりと一変させた。それまでのスサノヲは、その時々の激しい衝動に駆られて、無分別な乱行に耽り、世界の秩序を紊乱させることしかせぬ、破壊的な暴力神だった。

それが肥の河の川上に降りた時点からは一転して、思慮分別を働かせた上で、自身の武力によって世界の為に不可欠な貢献をする、偉大な戦神となった。そしてヤマタノヲロチに対して、闇雲に力を振るっても仕留めることが至難と思われた難敵を倒すのに、まさにこの上なく適切だった方策を冷静に考案し、それを周到に実施して、この稀代の怪物の害を地上から取り除く偉業を達成した。

しかもそのおりに八本あったこの大蛇の尾の一つの中から、『古事記』に「都牟刈《つむがり》の大刀」と呼ばれている不思議な神剣を発見するとスサノヲは、『日本書紀』神代第八段の本文によれば、「是神《あや》しき剣なり。吾何《いかに》ぞ敢へて私《わたくし》に安《お》けらむや」と言って、「天神《あまつかみのみもと》に上献《たてまつりあ》ぐ」と言われているように天に送り、第一章の第三節と第四節で見たようにして、アマテラスに献上した。それによってこの剣は、天孫降臨のおりに、ヤタの鏡とヤサカの曲玉といっしょに、アマテラスからホノニニギに授けられて、皇室の主権を表わす三種の神器の一つのクサナギの剣になった。つまりこの剣を躊躇わずにアマテラスに奉献したことでスサノヲは、天皇を統治者とする秩序が、アマテラスによってこの国に確立されるためにも、重大な寄与を果たしたことになっているわけだ。

ヤマタノヲロチを退治したあとにスサノヲは、この怪物の餌食になろうとしていたのを助けたクシナダヒメと結婚したが、見たように地上を支配することはせずに、クシナダヒメとも別れて、けっきょく根の堅州国に住むようになった。そしてそこで、第二章の第一節と第二節で見たような激しい葛藤を、オホクニヌシとのあいだに持ったことを物語られている。なぜならこの地下界で彼といっしょに暮らしていた娘神のスセリビメが、そこに訪問してきた美男のオホクニヌシに一目で魅了されて、すぐに彼と夫婦の契りを結んでしまった。それでスセリビメに対して、猛烈な執着を持っていたスサノヲは、オホクニヌシが妻にしたこの娘を自分から引き離して、地上に連れ帰るのを、何がなんでも阻止しようとして躍起になった。そしてオホクニヌシにひどい虐待を加えた上にスサノヲの助けを得ようとしてやって来たこの大切な子孫の神を、いったんは焼き殺そうとまでしたとされているからだ。

だがこのスサノヲとオホクニヌシの激烈な葛藤も見たように、けっきょく一方が他方を抹殺することにはならずに、両者がたがいに価値を認め合うことで結着した。なぜなら虐待を加えていたあいだにスサノヲはオホクニヌシが、自分が彼に課した難題を懸命に果たしているものと思い込んで、『古事記』に「心に愛《は》しく思ひて」と言われているように、それまで敵視していたオホクニヌシに対して、愛情を感じた。そして彼が安心して熟睡していたあいだに、スセリビメを背負い、スサノヲの持ち物だった大刀と弓矢と琴を持って逃げ出したオホクニヌシを、根の堅州国と地上の境いまで追い駈けて行って、そこから地上を逃げて行くオホクニヌシに向かって、大声で呼びかけた。そして根の堅州国から持ち帰る大刀と弓矢を使って、それまで彼に迫害の限りを尽くしてきた、異母兄の八十神たちを掃討して、偉大な国の主である「大国主神」となり、連れ帰るスセリビメを正妃に娶って、出雲に地上の支配者の住居に相応しい壮大な宮殿を築いて住むように命じ、オホクニヌシは言われたことがすべてその通りになる、あらたかな託宣の意味をもっていたことが明らかな、このスサノヲの呼びかけを、すべてその通りに実行した。それでそのことでスサノヲは、地底にいながらこのときから、オホクニヌシが地上でする活動の後盾の役を果たすことになったとされているからだ。

このようにまずアマテラスとオホクニヌシのあいだに、激しい衝突があったのに続いて、日本の神話には、アマテラスとオホクニヌシのあいだにも深刻な軋轢があったことが物語られている。彼に「国譲り」を求めたアマテラスに対して、オホクニヌシが国つ神たちを率いてしたこの抗争は、最後にはけっきょく、オホクニヌシと国つ神たちの側が抵抗を止め、アマテラスの要求に従って、「国譲り」をしたことで終わったことになっている。だがこの場合にもアマテラスに服従したことで、オホクニヌシと国つ神たちは、存在と価値を抹消はされずに、「国譲り」によって実現されることになる秩序の中で、枢要な位置を占めて肝心な働きを果たすことになった。「国譲り」をして顕界のことは、その支配のために天から降りてくるアマテラスの子孫に任せ、自身は幽界に退いてもオホクニヌシは、そこから人の目に姿は見せずに地上の神事を掌り、偉大な神として出雲大社に、丁重なきわまりない仕方で祭られ続ける。国つ神たちはそれぞれ土地の土着の豊穣神として、国を豊かにするために不可欠の働きをする。そしてその彼らの活動は、『日本書紀』神代第九段の一書第二に記されている、「八十万神を領ゐて、永に皇孫の為に護り奉れ」という、タカミムスヒの命令に従って、『日本書紀』神代第八段の一書第六によれば、オオクニヌシ自身の「幸魂奇魂」にほかならぬオオモノヌシが、コトシロヌシといっしょに統轄することになったとされているからだ。

(6) 天孫降臨とアマテラスの誕生

このようにしてオオクニヌシがついに抵抗を止めて「国譲り」をし、国つ神も従順になったことを知らされると、アマテラスはそこでまたあらためてオシホミミに、下界に降りて行って国を支配するように命令した。そうすると『古事記』によればオシホミミはアマテラスに答えて、「僕は降らむ装束《よそひ》しつる間に、子生《あ》れ出でつ。名は天邇岐志国邇岐志天津日高日子番能邇《あめのにきしくににきしあまつひこひこほのに》邇芸《にぎの》命ぞ。この子を降すべし」と言ったとされている。つまり「自分が降ろうとして身支度をしているあいだに、子が生まれたので、ホノニニギというその子を降すのがよい」と、言ったというのだ。

オシホミミはタカミムスヒの娘のヨロヅハタトヨアキツシヒメという女神と結婚していたが、『古事記』によればこの妻の女神からまず、アメノホアカリという息子が生まれ、そのあとでちょうどこのときに、ホノニニギが誕生したのだとされている。『日本書紀』神代第九段の一書第二によれば、アマテラスはオシホミミを降りて行かせるに当たって、タカミムスヒの娘神のヨロヅハタヒメと結婚させて、いっしょに降らせた。そうすると降りて行く途中でまだ、天と地の中間の「虚天《おほぞら》」にいたあいだに、ホノニニギが生まれたのだとされている。同段の一書第六では『古事記』と同様に、タカミムスヒの娘神(ここでは栲幡千千姫万幡姫命《たくはたちぢひめよろづはたひめ》と呼ばれている)がオシホミミと結婚して最初に産んだ子はアメノホアカリで、次にこのときにホノニニギが誕生したことになっている。ともかくアマテラスは、オシホミミの言うことを聞いて、彼の代わりに生まれたばかりの彼の子で、自分の孫だったホノニニギに『古事記』によれば、「この豊葦原水穂国は、汝知らさむ国ぞと言依さしたまふ。故、命の随に天降るべし」と言って、地上に降りて行って、水穂の国の支配者になるように命令した。

このようにしてアマテラスの息子のオシホミミではなく、そのオシホミミの子でアマテラスの孫のホノニニギが、水穂の国の支配者として、地上に降臨させられたことには、いろいろな点で重要な意味があると思われる。まずホノニニギは見てきたように、アマテラスの孫であると同時に、母はタカミムスヒの娘なので、アマテラスの後見の役をし、いっしょに八百万の天神たちを指揮している、この偉い至高神の孫でもある。つまり高天の原の司令者だった。男性と女性の最高神たち両方の孫であるので、「天孫」と呼ばれるのに、まさにこの上なく相応しい神だったわけだ。

またアマテラスから水穂の国の支配を命じられて、天から地上に降りていかされたときに、ホノニニギは見てきたように、生まれたばかりだったとされている。これはアマテラスがやはり出生したすぐあとに、親神から天上を支配するように命令されて、高天の原に昇らされたことになっているのと、一方のホノニニギは天上（または「虚天」）で生まれたのだが、そこから地上に降ろされ、他方のアマテラスは地上で出生したのちに天に上げられたので、移動させられた方向は上下があべこべだが、きわめてよく似た事件だと思われる。

第一章で見たように『古事記』によればアマテラスは、イザナキの左の目から出生したすぐあとに父神から、「汝命は、高天の原を知らせ」と言われて、天上の神々の世界の統治者に任命された。そしてイザナキの右の目から生まれて父神から、「汝命は、夜の食国《をすくに》を知らせ」と命令されていた、弟の月神ツクヨミといっしょに、「故《かれ》、各依《おのおのよ》さしたまひし命《みこと》の随《まにま》に、知らしめす」と言われているように、すぐに父に指示された任務を果たしはじめたことを物語られている。

『日本書紀』神代第五段の本文では、この『古事記』の記述とは違ってアマテラスは、イザナキとイザナミを父母として誕生したことになっている。両神はこのとき相談し、「吾已《すで》に大八洲国《おほやしまのくに》及び山川草木を生めり。何《いかに》ぞ天下《あめのした》の主者《きみたるもの》を生まざらむ」と言って、この太陽の女神を産んだ。そうすると「此の子《みこ》、光華明彩《ひかりうるは》しくして、六合《くに》の内に照り徹る」と言われているような、目映い光を放って、世界の隅々まで明るく照らす子が誕生したので、両神は大喜びして、「吾が息多《こさは》ありと雖《いへど》も、未だ若此霊《かくくしび》に異《あや》しき児有らず。久しく此の国に留めまつるべからず。自づから当に早《すみやか》に天に送《おくりまつ》りて、授くるに天上の事を以てすべし」と言った。そしてそのときには天と地のあいだがまだ今ほど遠く隔たっておらず、一本の柱によって連結されていたので、その「天柱《あめのはしら》」によってアマテラスを天上に昇らせたとされ、そのことが「是の時に、天地、相去ること未だ遠からず。故、天柱を以て、天上に挙《おくりあ》ぐ」と、言われている。

ともかくオシホミミの代わりに、生まれたばかりの彼の子が、天から支配者として地上に降りて行かされたことで天孫の降臨は、アマテラスが地上で誕生したあとすぐに、天に昇らされて高天の原の統治者となったときの出来事と、一方が他方を裏返しにしてくり返しているような、関係を持つことになったわけだ。

さらにまた『古事記』には、イザナキがアマテラスを高天の原の支配者に任命したときのことが、「すなはち御頸珠《みくびたま》の玉の緒もゆらに取りゆらかして、天照大御神に賜ひて詔りたまひしく『汝命は、高天の原を知らせ』と事依さして賜ひき」と、物語られている。つまりこのときにアマテラスはイザナキから、高天の原の統治者のしるしとして、「御頸珠」と呼ばれている玉の首飾りを、厳かに授けられたことになっているわけだ。これはホノニニギが地上への降臨に当たってアマテラスから、水穂の国の支配者のしるしとして、曲玉の飾りを含む三種の神器を授けられたとされているのとよく似ている。しかも三種の神器は『古事記』では、「その招きし（アマテラスを岩屋から招き出した）八尺《やさか》の勾璁《まがたま》、鏡、また草薙剣《くさなぎのつるぎ》」と、『日本書紀』では、「故、天照大神、乃ち、天津彦彦火瓊瓊杵尊に、八坂瓊《やさかに》の曲玉及び八咫《やたの》鏡、草薙剣、三種の宝物を賜ふ」と言われて、天孫降臨の記事の中で、つねに曲玉の飾りがまっ先にあげられている。つまりどちらの話でも、一方のアマテラスには天、他方のホノニニギには国の支配者のしるしとして、玉の飾りが授けられたことが語られているので、二つの話にはこの点でも、一方の話の中の事件が、他方でもくり返されているという関係が見られる。

（7）天孫降臨とアマテラスの岩屋からの出現

このように地上で誕生したアマテラスが、そのあとすぐに父神から高天の原の支配者に任命されて天に昇らされた事件を、上下の関係をあべこべにしながらくり返す話になっている一方で、天孫の降臨はまた、アマテラスが天の岩屋から招き出された出来事とも、たがいに明らかに照応する関係を持っている。天孫の降臨に当たっては一群の天神たちが、供奉をしていっしょに高天の原から地上に降ってきたことになっているが、その中でとくに肝心だったのは、『古事記』では「五伴緒」、『日本書紀』では「五部神」と記されている、「いつとものを」と呼ばれる五柱の神たちだったとされている。これらの神たちにまずまっ先に、天孫の供奉が命じられたことは『古事記』には、「ここに天児屋命《あめのこやね》、布刀玉命《ふとだま》、天宇受売命《あめのうずめ》、伊斯許理度売命《いしこりどめ》、玉祖命《たまのや》、幷せて五伴緒を支ち加へて、天降したまひき」と記されている。また『日本書紀』神代第九段の一書第一には、このときアマテラスからホノニニギにまず、三種の神器が授けられたことが、前掲したように語られているのに続いて、「又、中臣の上祖《とほつおや》天児屋命、忌部の上祖太玉命《ふとだま》、猨女《さるめ》の上祖天鈿女命《あめのうずめ》、鏡作の上祖石凝姥命《いしこりどめ》、玉作の上祖玉屋命《たまや》、凡て五部の神を以て、配《そ》へて侍《はべ》らしむ」と言われて、これらの神が降臨に随伴させられて地上に降り、それぞれが朝廷の祭りのために枢要な働きをする氏族の祖先になったことが物語られている。

天孫の地上への降臨を供奉するために、中枢の役をしたことになっているこれらの五柱の神たちは、第一章で見たように、アマテラスを岩屋から招き出すために天神たちがした祭りでも、それぞれが重要な貢献をしたことが物語られている。タマノヤという神は、きわめて重要な祭具だった曲玉の飾りを作り、イシコリドメは言うまでもなく、アマテラスを誘い出すために肝心な働きをした、鏡を作った。フトダマはその鏡と曲玉の飾りの掛けられた榊を捧げ持ち、アメノコヤネはその横で祝詞を唱えた。そしてアマテラスが岩屋の戸を細く開けて、アメノウズメと言葉を交わしたところで、フトダマとアメノコヤネがいっしょに、榊に掛かっている鏡をすかさず差し出してアマテラスに見せた。それでアマテラスは、鏡に映っている自分の姿に釣られて、岩屋から出て来かかったところを、岩屋戸の陰に隠れていたアメノタヂカラヲに手を取られて、岩屋の外に引き出されることになったとされている。

五神の中でも際立って特異というほかない働きをしたことを物語られているのは、言うまでもなくアメノウズメで、この女神は閉まっている岩屋戸の前で、伏せた桶を踏み鳴らして踊りながら、乳房と陰部を剝き出して見せた。それでその滑稽な様子を見た八百万の天神たちが、高天の原が鳴り響くほど大笑いをしたので、その物音を聞いて不審に思ったアマテラスが、岩屋の戸を内側から細く開いてアメノウズメに、自分が隠れて暗闇になり困っているはずなのに、彼女と天神たちが踊ったり笑って楽しんでいるわけを尋ねたのだとされている。

つまりアメノウズメはこのときに、自分の乳房と陰部を剝き出して見せることで、アマテラスが出てくるための通路を塞いでいた岩屋の戸を、開かせたことになっているわけだが、同じ女神は天孫を地上に降臨させるためにも、遮断されているように見えた通り道の障害を無くすために、これとそっくりな振舞いをしたことを物語られている。『日本書紀』神代第九段の一書第一によれば、天孫の一行が降臨のために高天の原から出発しようとしていると、そこに一行の先駆けとして遣わされていた神が、あたふたと帰って来た。そして次のように言って、地上に降りて行く道に、世にも恐ろしい姿をした神が、立ちはだかっていることを報告したと物語られている。

一《ひとり》の神有りて、天八達之衢《あまのやちまた》に居り。其の鼻の長さ七咫《あた》、背の長さ七尺余り、当《まさ》に七尋《ひろ》と言ふべし。且口尻明り耀れり《またくちわきあかりてれり》。眼は八咫鏡の如《ごと》くして、絶然赤酸醤に似《てりかがやけるをあかかがちにの》れり。

アメノヤチマタというのは、天から地上に降りるためのすべての道の分岐点で、天孫の一行がどうしても通らねばならぬ場所だった。そこに長さが七咫《あた》つまり親指と中指を広げた長さの七倍もある長大な鼻を持ち、背丈は七尋《ひろ》つまり一〇メートルを越えると思われるほどの並外れた巨漢で、口のわきが明るく輝き目は大きな鏡のようで、ほおずきのような赤い光をらんらんと放っている、異様な神がいて、通り道を塞いでいると報告されたというのだ。この神のことは『古事記』には、「ここに日子番能邇邇芸命、天降りまさむとする時に、天の八衢《やちまた》に居て、上は高天の原を光《てら》し、下は葦原中国を光す神、ここにあり」と言われている。

『日本書紀』によればアマテラスはそれで、天孫のお供をする神の中のだれかを派遣して、その神にそこにいるわけを尋ねさせようとした。だが不思議な眼光を放っているこの神と目を見合って、質問できる神がほかにだれもいなかったので、アメノウズメに、「汝は是、目人に勝ちたる者《かみ》なり。往きて問ふべし」と言われて、そのことが命令された。そうするとアメノウズメは出かけて行って、乳房を露出し、衣の紐を臍の下まで押し下げて陰部を見せながら、あざ笑ってその神と向かい合って立った。そのことは、「天鈿女《あまのうずめ》、乃《すなは》ち其の胸乳を露《あらは》にかきいでて、裳帯《もひも》を臍の下に抑《おした》れて、咲嘘ひて向きて立つ」と、言われている。

そうするとその神はそれを見て、それまで続けていた沈黙を破り、「アメノウズメ」と言って呼びかけて、「なぜそんなことをするのか」と尋ねた。するとその質問には答えずにアメノウズメは、「天照大神の御子が、お通りになられようとする道に、そのようにしているあなたは、いったいだれなのか」と言って、逆にその神が何者なのかを質問した。そうするとその神は、「自分は天照大神の御子が、いまお降りになられると聞いて、お迎えしようとしてこうしてお待ちしているので、自分の名はサルタヒコの大神だ」と答え、それまで降臨の邪魔をしているように見えていたのが一転してそれからは、「皇孫、是に、天磐座《あまのいはくら》を脱離《あしはな》ち、天八重雲《あめのやへたなぐも》を排分《をしわ》けて、稜威《いつ》の道別《ちわき》に道別きて、天降ります」と言われているように、威風堂々と降って行く天孫らの先頭に立って、日向の高千穂の峯まで、降臨の道案内を務めたと言われている。

つまり天孫を地上に降臨させるに当たっては、アマテラスを天の岩屋から招き出すために主要な尽力をしたのと、同じ五柱の神たちが働いた。とりわけその中のアメノウズメはどちらの場合にも、乳房と陰部を露呈して見せるといううきわめて特異なやり方で、塞がっていた通路を開くために、決定的な貢献を果たしたことになっているわけだ。

その上『古事記』にはこのとき、五伴緒の神たちに加えて、オモヒカネとアメノタヂカラヲとアメノイハトワケの三神も、天孫に随伴して地上に降ったことが記されている。オモヒカネはたびたび見てきたように、アマテラスを岩屋から招き出すために天神たちがした祭りのやり方をすっかり考案した知恵の神だ。アメノタヂカラヲはこれも見たように大力の神で、『古事記』にはアマテラスが岩屋から出て来かかったときに、手を取って外に引き出したとされている。『日本書紀』神代第七段の一書第三によれば、この祭りでアメノコヤネが唱えた祝詞の美しさに感心して、アマテラスが外の様子を見ようとして細く開けた岩屋の戸をすっかり引き開けて、日神の光が世界を照らすようにしたのだとされ、そのことがこう物語られている。


時に、日神聞しめして曰はく、「頃者《このごろ》、人多に請《さは》すと雖《いへど》も、未だ若此言《かくいふこと》の麗美《うるは》しきは有らず」とのたまふ。乃ち細《ほそめ》に磐戸を開けて窺《みそなは》す。是の時に、天手力雄神、磐戸の側に侍《かくれさぶら》ひて、則ち引き開けしかば、日神の光、六合《くにのうち》に満《いは》みにき。

アメノイハトワケのことは『古事記』に、「次に天石戸別神、亦の名は櫛石窓神《くしいはまど》と謂ひ、亦の名は豊石窓神《とよいはまど》と謂ふ。この神は御門《みかど》の神なり」と説明されており、天孫の降臨に当たっては一行のために、『日本書紀』に見たように「天磐座を脱離ち」を言われているやり方で、天の門を開く働きをしたのだと想像できる。ただこの神が天の岩屋戸の前の祭りで何かの役をしたということは、『古事記』にも『日本書紀』にも記されていない。だがアメノイハトワケ（天石門別）という名前からは、この祭りでも岩屋の戸が開かれるためにとうぜん、この神の関与があったに違いないと思われる。西郷信綱も「ここに手力雄神と並んで天石門別神が出てくるのは、天の岩屋戸の物語に因んだものであるのは、いうを待たない(1)」と言っているように、この神はやはり、アマテラスの出現のために岩屋の戸が開かれるのに貢献した者として、ここにアメノタヂカラヲといっしょに名をあげられているのだと思われる。

このようにどちらも同じ一群の神たちによって達成され、しかもどちらの場合にもそのために女神が乳房と陰部を剝き出して見せるという、奇異と思われる振舞いが、決定的な役割を果たしたとされていることから、天孫の降臨は天の岩屋からのアマテラスの出現と、共通するところのある出来事だったことが、明らかだと考えられる。

（8）天孫によってもたらされた陽光と稲

天孫のホノニニギは言うまでもなく、太陽女神であるアマテラスの嫡孫の日の御子だ。その日の御子である天孫の降臨は従って、それによって太陽の恩沢が、地上に充溢することになるという意味を持った出来事だった。太陽の恵みに世界が浴せるようになったのはそもそもは、アマテラスが誕生して高天の原の統治者になったことによってだった。だがこの状態は、アマテラスが天の岩屋に隠れ、世界が日光の射さぬ常夜になったことで、いったん中断された。そして天神たちが祭りをして、アマテラスを岩屋から招き出したおかげで、世界はまた太陽の恵みを享受できることになったわけだ。

だからその太陽の恵みが、日の御子である天孫の降臨によって、地上に満ち満ちるためにはそこでまた、天の岩屋からアマテラスを招き出すのに貢献したのと同じ神たちが、働く必要があると考えられたのだと思われる。そしてその天孫の降臨はまた、アマテラスが誕生してすぐに高天の原の統治者になったときの事件を、変化させながらいろいろな点でくり返すとも、見られることになったのだと考えられる。

天孫の降臨のおかげでこの国に住む人間たちは、日光の恵みのほかにもとりわけ、もう一つの素晴しい恩沢に浴せることになった。それは前にも触れたように、それまで天神たちの食物として天上の田で栽培されていた稲の穂が、このときにアマテラスから天孫に授けられて地上にもたらされ、それによってアマテラスが宣告した通りに、「千秋長五百秋の水穂の国」になったこの国の人間たちが、地上でも田を作って稲を育て、その実りを賞味できるようになったことだった。

『出雲国風土記』と『播磨国風土記』には見たようにたしかに、オホクニヌシとスクナビコナの「国作り」によって、稲作が広められたということが物語られている。だがこの二神が稲の栽培を地上に普及させたという話は前述したように、『古事記』にも『日本書紀』にもまったく出てこない。『日本書紀』にはこれも見たように、ウケモチの死体から五穀などが発生したときにアマテラスが、畑の作物で人間の食物となる粟とヒエと麦と豆と区別して、稲を田の作物に定め、高天の原に田（天狭田及び長田）を作らせて、その天上の田で「天邑君」らの天神たちに育てさせたことが、はっきりと物語られている。それで『古事記』と『日本書紀』には共通して、スサノヲが天に昇って行ったときには、高天の原には田が作られそこで稲が栽培されていて、その実りをアマテラスが召し上がる、「大嘗（『日本書紀』では新嘗）」をきこしめすための祭場が準備されていて、その田と祭場のご殿をスサノヲが荒らしたことが、物語られているわけだ。

オホクニヌシの「国作り」によって、地上に栽培の広められた作物が、粟などの雑穀と豆だったとされていることは、これも見たように、そこに天から派遣された雄のキジが、「粟田・豆田を見て、則ち留りて返らず」、つまり（天上には無かったキジの好物の）粟と豆がふんだんに栽培されているのを見て、喜んで居着いて天に帰って来なかったと、『日本書紀』に物語られていることからも、明らかだと思われる。つまりオホクニヌシに「国譲り」が求められたときには、地上にはまだ稲田は無かったことになっているので。それだから『日本書紀』によれば見たようにタカミムスヒは、このとき使者の神たちに伝えさせた言葉の中で、「又田供佃《みたつく》らむ」と言わせて、「国譲り」の代償の一つとしてこの神のためだけに、地上にも特別の田を作ると約束したことになっていると、思われるわけだ。

『日本書紀』神代第九段の一書第二には、最初には自分の子のオシホミミに地上に降ることを命令したアマテラスが、「『吾が高天原に所御《きこしめ》す斎庭《ゆにわ》の穂《いなのほ》を以て、亦吾が児《みこ》に御《まか》せまつるべし』とのたまふ」、つまり「私が高天の原で作っている神聖な田の稲穂を、また私の子に授ける」と言って、稲の穂をオシホミミに与えたことが物語られている。だが見たようにちょうどそこで、彼の妻にされていたここではヨロヅハタヒメと呼ばれているタカミムスヒの娘が、ホノニニギを産んだために、この新生した天孫がオシホミミに代わって降ろされることになった。それでそのホノニニギが、オシホミミに授けられていたものをすべて、あらためてアマテラスから賜ったので、稲の穂もこの天孫によって、地上にもたらされることになったのだとされている。

稲の栽培は言うまでもなく、あらゆる面で人々の生活に画期的な変化を招来し、それを享受した人々はとうぜん蒙を開かれて、文化の光にはじめて浴する感慨を味わったに違いない。その意味でそれは、人々が太陽の光に明るく照らされることとも、まさに重なり合う意味を持つと感銘された。つまり天孫の降臨によって稲作が人々のあいだに広まったことと、日の御子を統治者として迎えて、日光の目映い輝きが地上に満盈したこととは、ごく自然に切り離せない結びつきを持つと、感じられたのだと思われる。

『日向国風土記』には、どちらも天孫降臨によって地上にもたらされた稲と光のこの切っても切れぬ結びつきを、きわめてはっきりと示すと思われる神話が語られていた。失われたこの風土記には、臼杵の郡の知舗の郷（現在の宮崎県西臼杵郡高千穂）の名の起源が、次のような話によって説明されていたと伝えられている。

天津彦々火瓊々杵尊《あまつひこひこほのににぎのみこと》、天の磐座を離れ、天の八重雲を排《おしわ》けて、稜威《いつ》の道別《ちわ》き道別《ちわ》きて、日向の高千穂の二上山の峯に天降りましき。時に、天暗冥《そらくら》く、夜昼別《わ》かず、人物道を失ひ、物の色別き離《が》たかりき。ここに、土蜘蛛《つちぐも》、名を大鉗《おほはし》・小鉗《をはし》と曰ふもの二人ありて、奏言《まを》しく、「皇孫の尊、尊《うづ》の御手以《も》ちて、稲千穂を抜きて籾と為して、四方に投げ散らしたまはば、必ず開晴《あか》りなむ」とまをしき。時に、大鉗等の奏しが如《ごと》、千穂の稲を搓《ても》みて籾と為して、投げちらしたまひければ、即ち、天開晴《そらあか》り、日月照り光《かがや》きき。因りて高千穂の二上の峯を曰ひき。後の人、改めて智鋪と号く。

この風土記の逸文の記述によれば、ホノニニギが高千穂の峯に降ったときには、地上はまだ天からの光が射さずまっ暗闇で、夜と昼の区別も無く、道も見分けられず、物の識別もできぬ渾沌の状態だった。そこで出迎えた二人の土蜘蛛つまり土地の神たちの勧めに従って、ホノニニギが千の稲穂を抜き取り、手で揉んで籾にして四方に投げ散らすと、たちまち空が晴れて、地上が太陽と月の光で明るく照らされることになったというのだ。つまりこの話では天孫は、稲穂を撒布して稲の栽培を広めることで、地上が太陽の光で照らされるようにしたことになっているわけだが、そのために彼が千穂を抜き投げ散らしたとされている稲は、とうぜん天孫によって、高天の原からもたらされたものだったと思われる。

なぜなら天孫が降臨したときには、まっ暗闇の混沌状態だったといわれている地上で、高千穂の峯の頂上に田が作られ、そこに千もの稲穂が実っていたことは、とうてい考えることができない。他方で高天の原から授かって持ってきた稲から、天孫が千穂を抜き籾にして投げ散らしたというのは、神話の中の出来事として、けっして異常ではないと思われるからだ。

(9) トリプトレモスの麦と穂落とし神の稲

ギリシァ神話では麦の栽培は、エレウシスの王子で農業の女神デメテルに寵愛されていたトリプトレモスによって、地上に広められたことになっている。そのためにトリプトレモスは麦の穂と、翼のある竜の引く車、またはそれ自体が翼を持っていて空を飛ぶことのできる車を、デメテルから授かった。そしてその車に乗って空から、各地に麦の種を撒き散らしてまわったのだとされている。デメテルがトリプトレモスを、麦の栽培を広めに旅立たせようとしている場景は、古代ギリシァの多くの美術作品に描かれている。そこで彼が女神から授かって持っている、あるいは授かろうとしているのは、とうぜん片手か両手のそれぞれでつかむことのできる、数本の麦の穂だ。

たとえば紀元前四八〇―四七〇年頃に製作されたペリケ種の壺の一つには、着座して左手に笏を持ち、右手に持つ盃に、デメテルが右手に持った瓶から、旅立ちのはなむけのために注いでくれている酒を受けているトリプトレモスに、デメテルが左手に四本の麦の穂を持って授けようとしているところが描かれており、紀元前四九〇―四八〇年頃に製作されたペリケ種の壺の絵ではデメテルは、左手に笏を持って翼の生えている車に坐っているトリプトレモスが、右手に持っている盃に酒を注いでやりながら、左手に持つ三本の麦の穂を彼に授けようとしている。また紀元前四六〇―四五〇年頃に制作された混酒器の一つの絵ではトリプトレモスは、左手に笏と共にすでにデメテルから授かった二本の麦の穂を持ちながら、右手に持つ盃に女神が注いでくれる酒を受けており。デメテルはさらに左の手に杖と共に二本の麦の穂を、トリプトレモスに授けるために持っている。そしてこのように女神から授かったところが描かれている数本の麦の穂から、トリプトレモスは無数の麦の種を取って、空から地上に撒いてまわることができたとされているわけだ。

わが国の伝説には根もとは一株なのに、先に千もの穂が実っている不思議な稲が天からもたらされて、それによってその土地で稲が栽培されることが始まったということが語られている。東北地方から沖縄にかけてのわが国の方々には、柳田国男によって「穂落とし神の伝説」と名づけられた話が流布している。それはむかし鶴などの鳥が、天から稲の穂をくわえて来て落としてくれ、それによって稲の栽培が始まったという話だ。この伝説の知られているもっとも古い形は、鎌倉時代の中期の一三世紀の末ごろに、伊勢神宮の神官によって編纂されたと思われる、『倭姫命世記《やまとひめのみことせいき》』という書物に記されている二篇の記事だ。その一つには伊勢の内宮の摂社の伊雑の宮の起源が、次のように説明されている。

二十七年戊午《つちのえうま》秋九月、鳥の鳴く声高く聞こえて、昼も夜も止まずして囂《かまびす》し。「これ異《あや》し」と宣ひて、大幡主命《おほはたぬし》と舎人紀麻良《とねりきのまら》と使に差し遣はして、かの鳥の鳴く処を見しめたまふ。罷り行きて見れば、嶋の国伊雑の方上の葦原の中に、稲一基あり。生ひたる本は一基にして、末は千穂に茂れり。かの稲を白き真名鶴咋《くは》へ持ち廻りつつ鳴きき。此を見顕はすに、その鳥の鳴く声止みき。（中略）。その処に伊佐波登美の命、宮を造り奉りて、皇太神の摂宮と為す。伊雑宮これなり。

つまり垂仁天皇の御代の二十七年の九月に、斎宮の倭姫の命のいる伊勢神宮の内宮に、空の高いところから鳥の無く声が聞こえてきて、昼も夜も止まずにやかましいので、倭姫の命は「不思議なことだ」と言って、大幡主の命と舎人の紀麻良を遣わして、その鳥の鳴いている場所を見に行かせた。二人が行ってみると、志摩の国の伊雑のあたりの葦原の中に、根もとは一つなのに先には千の穂の茂っている稲があり、その稲を一羽の白い鶴が咋えて持ちまわりながら鳴いていた。そして二人の使者がその様子を見とどけると、その鳥は鳴くのを止めた。それでその場所に伊佐波登美の命が神社を造って皇太神宮の摂宮としたのが、伊雑の宮の起源だというのだ。

さらにこの記述のあとにすぐ続く記事には、その翌年の秋に、やはりアマテラスを祭る佐佐牟江神社のある場所（現在の三重県明和町山大淀）に、鶴がまた不思議な穂を咋えて来たことが、次のように語られている。

また明くる年の秋の比《ころ》、真名鶴、皇太神宮に当たりて天翔り、北より来りて日夜止まず翔り鳴きき。（中略）。ここに倭姫命、異しみ給ひて、足速男命を差して使として見しめたまふ。罷り到りて見れば、かの鶴は佐佐牟江宮の前の葦原に還り行きて鳴きき。使到りて葦原の中を見れば、稲生ひたり。本は一基にして、末は八百穂に茂れり。咋へ捧げ持ちて鳴きき。ここに使到りて見顕はす時に、鳴く声止みて、天に翔ける事も止みき。

つまりその次の年の秋のころにも、鶴が北の方から飛んできて、内宮のあたりの空を昼も夜も休まずに、羽ばたきをして鳴きながら飛びまわった。それで倭姫の命は不思議に思って、足速男の命を遣わして見に行かせた。行って見るとその鶴は、佐佐牟江宮のある場所の前の葦原の中に戻って行って鳴いた。それでそこに行って葦原の中を見ると、稲が生えていて、根もとは一つなのに先には八百の穂が茂っていて、鶴はその稲を捧げ持つように咋えて鳴いていた。だが足速男の命がその様子を見とどけると鳴くのを止め、空を羽ばたきしながら飛ぶのも止めたというのだ。

これらの『倭姫命世記』の伝承によればこのように、アマテラスを伊勢にはじめて祭ったヤマトヒメの命のために、鶴（『倭姫命世記』では、伊雑に稲穂を咋えてきたの鶴は、大歳神《おほとしのかみ》だったとされている）が天から咋えて持ってきた稲は、根もとは一株で先には千あるいは八百もの穂が実っていた。この話やその前に見たギリシァ神話の話などと引き比べてみれば、天孫のホノニニギはとうぜん、アマテラスから賜って高天の原から持って降りて来た稲から、地上で千穂を抜き籾にして撒き散らして、稲作を国に広めることができたのだと考えられる。そしてそうすることで天孫は、ギリシァ神話でトリプトレモスが、麦の栽培を広めて人間を、野蛮状態から文化に導いたとされているように、稲の栽培によってこの国の人々をまったく新しい文化に浴させ、そのことで下界の蒙昧だった混沌の状況を、太陽の光をいっぱいに浴びてすべてがはっきりと識別できる、明るい秩序に一変させたことになっているのだと思われる。

右に見た『日向国風土記』の逸文の神話には、どちらも天孫の降臨によって地上がその恩恵を受けることになった、稲と日光のこのような切っても切れない結びつきが、間然する所がない仕方で、印象的に物語られていると言えよう。

第四章　海幸彦と山幸彦の争いとその帰結

（1）天孫とコノハナノサクヤビメの結婚

高天の原から日向の高千穂の峰に天降った天孫のホノニニギは、そこから笠沙《かささ》の御前《みさき》（『日本書紀』では吾田《あた》の長屋の笠狭の碕、場所は不明）に行き、『日本書紀』神代第九段の本文と一書第二、第四、また第六によれば、そこでコトカツクニカツナガサという神から住んでいた国を献上され、一書第二によれば「時に皇孫、因りて宮殿を立てて、是に遊息《やす》みます」と言われているように、そこに宮殿を建てて居を定めた。宮殿を立てて住居にしたことは、『古事記』には、「ここに詔りたまひしく、『此地《ここ》は韓国《からくに》に向ひ、笠沙の御前《みさき》を真来通《まきとほ》りて、朝日の直刺《たださ》す国、夕日の日照《ひで》る国なり。故、此地《ここ》は甚吉《いとよ》き地《ところ》』と詔《の》りたまひて、底つ岩根《いはね》に宮柱《みやばしら》ふとしり、高天の原に氷椽《ひぎ》たかしりて坐《ま》しき」と言われている。

『日本書紀』の一書第四によれば、コトカツクニカツナガサは、次に見る神話で山幸彦のために尽力したことを物語られている、シホツチの老翁の別名だとされ、そのことが「其の事勝国勝神《ことかつくにかつのかみ》は、是伊奘諾尊《いざなきのみこと》の子なり。亦の名は塩土老翁」と記されている。

そのあとホノニニギはその国の海岸で美しい女神と会い、「あなたはだれの娘か」と尋ねた。そうすると「自分は山の神のオホヤマツミの娘で、名はカムアタツヒメ（『日本書紀』ではアタカシツヒメ）とも、コノハナノサクヤビメとも申します」と言い、「あなたには兄弟はいるか」と尋ねると、「イハナガヒメという姉がいます」と答えた。そしてホノニニギが、「私はあなたと結婚したいと思うが、どうか」と聞くと、「私からお答えすることはできませんので、どうか父にお尋ねになってください」と言った。それでホノニニギがオホヤマツミのもとに使いを派遣して、コノハナノサクヤビメとの結婚の申しこみをすると、オホヤマツミは大喜びをして、コノハナノサクヤビメに姉のイハナガヒメをそえて、姉妹とも妻として差し出した。

ところが妹のコノハナノサクヤビメが花のように美しいのとは打って変わって、姉のイハナガヒメは岩のようにとても醜かったので、ホノニニギは見て怖気をふるって父のもとに送り返して、妹のコノハナノサクヤビメだけを止めて、一夜の交わりを持った。

そうするとオホヤマツミは、ホノニニギがイハナガヒメを妻にせずに返したことに憤慨して、こう言ってよこした。「私が娘二人をいっしょに差し上げたのは、イハナガヒメを妻にされることで天孫のお命が、雪が降り風が吹いてもけっして動かない岩のように、いつまでも堅固であられるように。またコノハナヤクヤビメを妻にされることで、天孫が木の花のようにお栄えになるようにという祈り（うけひ）をこめてしたことでした。それなのにイハナガヒメを返し、コノハナノサクヤビメだけを止めて妻にされたので、天孫のご寿命は、木の花が咲いてもすぐに散るように、短くなられるでしょう」。それでこのオホヤマツミの呪言の所為で、代々の天皇の命が長くないことになったのだという。このようにオホヤマツミが呪いによって、天皇の命を短くしてしまったことは、『古事記』にはこう語られている。

ここに大山津見神、岩長比売を返したまひしによりて、大《いた》く恥ぢて、白し送りて言ひしく、「我が女二たり並べて立奉《たてまつ》りし由は、岩長比売を使はさば、天つ神の御子の命は、雪降り風吹くとも、恒に石の如《ごと》くに、常《とき》はに堅《かさ》はに動かずまさむ。また木花の佐久夜比売を使はさば、木の花の栄ゆるが如栄えまさむと誓《うけ》ひて貢進《たてまつ》りき。かくて岩長比売を返さしめて、ひとり木花の佐久夜比売を留めたまひき。故天つ神の御子の御寿《みいのち》は、木の花のあまひのみまさむ」といひき。故、ここをもちて今に至るまで、天皇命等《すめらみことたち》の御命長くまさざるなり。

『日本書紀』神代第九段の一書第二には、このときイハナガヒメが、自分が天孫の妻にされなかったことを憤慨して、こう言って呪ったことが記されている。

仮使天孫《たとひあめみま》、妾を斥《しりぞ》けたまはずして御《め》さましかば、生めらむ児《みこ》は寿永《いのちなが》くして、磐石《ときはかちは》の有如《あまひ》に常存《とはにまたか》らまし。今既に然らずして、唯弟《いろと》をのみ独《ひとり》見御《め》せり。故、其の生むらむ児《みこ》は、必ず木の花の如《あまひ》に、移落《ちりお》ちなむ。

つまり「天孫がもし私を退けずに交わっていられたら、私から生まれてくる御子たちの命は、磐岩のように永遠に続いたでしょう。それなのにそうはなさらずに、ただ妹だけ妻にされたので、生まれてくる御子たちは、木の花がすぐに散るように、短いあいだしか生きられぬでしょう」と、言ったというのだ。これによれば呪いをかけて、ホノニニギとその子孫の天皇たちの命を短くしたのは、オホヤマツミではなく、イハナガヒメ自身だったことになる。またそのあとに続けて、このイハナガヒメの呪いによって、花のように短くされたのが、人間の寿命だったという所伝もあったことが、こう記されている。

一《ある》に云はく、磐長姫恥ぢ恨みて、唾き《つは》泣ち《いさ》して曰はく、「顕見蒼生《うつしきあをひとくさ》は、木の花の如《あまひ》に、俄《しばらく》に遷転《うつろ》ひて衰去《おとろ》へなむ」といふ。此、世人《よのひと》の短折《いのちもろ》き縁《ことのもと》なりといふ。

『日本書紀』の一書第六には、ホノニニギと出会ったときにコノハナノサクヤビメは、海辺の波頭の高く立っている上に建てられているりっぱなご殿で、手に付けた玉の飾りをさやさやと鳴らしながら、姉のイハナガヒメといっしょに機織りをしていた。それを見たホノニニギは、国を献上したコトカツクニカツナガサに尋ねて、彼女たちがオホヤマツミの娘たちであることを教えられ、ここでは本名がトヨアタツヒメだったとされている、コノハナノサクヤビメを妻に娶ったのだとされ、そのことがコトカツクニカツナガサが「是は長狭が住む国なり。然れども今は乃ち天孫に奉上《たてまつ》る」と言って、住んでいた国を天孫に献上したという記述のあとに続けて、こう記されている。

天孫、又問ひて曰はく、「其《か》の秀起《さきた》つる浪穂の上に、八尋殿《やひろどの》を起《た》てて、手玉《ただま》も玲瓏《もゆら》に、機織る少女《をとめ》は、是誰が子女《むすめ》ぞ」とのたまふ。答へて曰さく。「大山祇神の女達《むすめたち》、大《あね》を磐長姫と号《い》ふ。少《おとと》を木花開耶姫と号ふ。亦の名は豊吾田津姫」とまうす。皇孫、因りて豊吾田津姫を幸《め》す。

コトカツクニカツナガサつまりシホツチの老翁は、次節で見るように、山幸彦のホヲリのためにも、海神の娘のトヨタマビメと結婚の仲立ちをしたことを物語られているが、この一書の記事によればその前に、ホヲリの父のホノニニギのためにも、山の神の娘との結婚を取り持つ役を果たしていたことになるわけだ。

（2）火中出産されたコノハナノサクヤビメの子たち

コノハナノサクヤビメは、ホノニニギとの一夜の交わりですぐに妊娠した。そして子が生まれるときになると、ホノニニギのところに来て、「天つ神であられるあなたの御子を、一人でこっそり生んではならないと思い、お知らせしに来ました」と言って、そのことを告げた。そうするとホノニニギは、一夜の交わりだけで妊娠したことが信じられずに、「あなたが妊娠しているのは私の子ではなく、国つ神の誰かと関係してできた子だろう」と言って、コノハナノサクヤビメの貞操を疑った。それでサクヤビメは、「もし私が懐妊しているのが、おっしゃるように国つ神の子なら、無事に生まれてはこないでしょう。天つ神であられるあなた様の御子なら、無事に生まれるでしょう」と言った。そして戸口の無いご殿を作り、その中に入って、すきまをすっかり土を塗って塞いでから、そのご殿に火をつけて、燃える火の中で次々に三人の子を産んだ。最初に生まれた子には、出産のとき火が盛んに燃えていたので、ホデリという名が付けられ、その次にホスセリ、最後にまたの名をアマツヒコヒコホホデミともいうホヲリという名の子が生まれた。そのことは『古事記』に、こう物語られている。

故、後に木花の佐久夜毘売、参出《まねで》て白ししく、「妾は妊身《はら》めるを、今生む時に臨《な》りぬ。この天つ神の御子は、私に産むべからず。故、請す」とまをしき。ここに語りたまひしく、「佐久夜毘売、一夜にや妊める。これ我が子には非じ。必ず国つ神の子ならむ」とのりたまひき。ここに答へ白ししく、「吾が妊みし子、もし国つ神の子ならば、生むこと幸くあらじ。もし天つ神の御子ならば、幸くあらむ」とまをして、すなはち戸無き八尋殿を作りて、その殿の内に入り、土をもちて塗り塞ぎて、産む時に方《あた》りて、火をその殿に著けて産みき。故、その火の盛りに焼《もゆ》る時に生める子の名は、火照命。次に生める子の名は、火須勢理命。次に生める子の名は、火遠理命。亦の名は天津日高日子穂穂手見命。

ホスセリとホヲリというのは、それぞれ生まれたときに、火が燃え進んでいたのと、火が折れ衰えていたのに因んで付けられた名前だった。『日本書紀』神代第九段の本文では、最初に生まれた兄の名はホノスソリ、一書の第二、第六、第八ではホノスセリだったことになっている。

一書の第五によれば、ここではアタカシツヒメと呼ばれているコノハナノサクヤビメは、ホノニニギとの一夜の交わりで四人の子を懐妊した。そしてその子たちを産んでから、抱いてホノニニギのところに来て、「あなたの子どもたちです」と言って見せた。そうするとホノニニギは、「これが本当に私の子だったら、こんなにけっこうなことはないのだが」と言って嘲笑った。それでアタカシツヒメは怒って、「なぜ私を嘲けられるのですか」と言った。そこでホノニニギは、「いくら私が天神の子でも、一夜で相手の女を妊娠させられるだろうか。生まれたのが私の子であるはずがない」と言った。

アタカシツヒメはますます恨み、戸口のない建物を作ってその中に入り、誓約（うけひ）をして、「私の身ごもった子がもし天神の御子でなかったら、必ず焼け死ぬでしょう。もし天神の御子ならば、火で害を受けることはないでしょう」と言った。そして建物に火をつけると、その火が明るく燃え上がったときに一人の子が、足を踏み鳴らし叫びながら出て来て、自分で名乗りをあげ、「私は天神の子のホノアカリの命です。私の父は、どこにいらっしゃいますか」と言った。次に火が盛んに燃えているときに、もう一人の子が、足を踏み鳴らし叫びながら出て来て名乗りをあげ、「私は天神の子のホノススミの命です。私の父と兄は、どこにいらっしゃいますか」と言った。次に火の衰えたときにまた一人の子が、足を踏み鳴らし叫びながら出て来て名乗りをあげ、「私は天神の子のホノヲリの尊です。私の父と兄たちは、どこにいらっしゃいますか」と言った。次に火がおさまったときにまた一人の子が、足を踏み鳴らし叫びながら出て来て名乗りをあげ、「私は天神の子のヒコホホデミの尊です。私の父と兄たちは、どこにいらっしゃいますか」と言った。

最後にアタカシツヒメが焼け跡から出てきてホノニニギに、「私の生んだ子たちと私自身は、火の災いにあっても、どこにも何のけがもしませんでした。天孫よ、ご覧いただけましたか」と言った。そうするとホノニニギは、「私はもともとこの子たちが、自分の子だということをよく知っていた。ただたった一夜で妊娠したので、そのことを疑う者があるだろうと思い、また天神は一夜で懐妊させることができるのだということを、人々みんなに分からせようと思い、またあなたにも不思議な霊力があり、子どもたちにも人並みでないすぐれた資質があることを、明らかにしようと思ったのだ。それで先ほどは、あなたを嘲笑してみせたのだ」と、言ったという。そのことは、こう物語られている。

大山祇神の女子《むすめ》吾田鹿葦津《あたかしつ》姫を幸《め》す。即ち一夜に有身《はら》みぬ。遂に四《よはしら》の子を生む。故《かれ》、吾田鹿葦津姫、子を抱きて来進《すす》みて曰さく、「天神の子を寧《いづくに》ぞ私《ひそか》に養《ひた》しまつるべけむや、故、状《ありさま》を告《まう》して知聞《きこ》えしむ」とまうす。是の時に、天孫、其の子等を見《みそなは》して嘲《あざわら》ひて曰《い》はく、「妍哉《あなにゑや》、吾が皇子《みこたち》、聞き喜《よ》くも生《あ》れませるかな」とのたまふ。故、吾田鹿葦津姫、乃ち慍《いか》りて曰はく、「何為《なにす》れぞ妾を嘲《あざけ》りたまふや」といふ。天孫の曰はく、「心に疑《うたがは》し。故、嘲る。

何とならば、復《また》天神の子と雖《いふと》も、豈《あに》能《よ》く一夜の間に、人をして有身《はら》ませむや。固《まこと》に吾が子に非じ」とのたまふ。是を以て、吾田鹿葦津姫、益《ますます》恨《うら》みて、無戸室《うつむろ》を作りて、其の内に入居《こも》りて誓《うけ》ひて曰はく、「妾が妊《はら》める、若し天神の胤に非ずは、必ず亡《やけう》せよ。是若し天神の胤ならば、害《そこな》はるること無けむ」といふ。則ち火を放《つ》けて室を焚《や》く。其の火の初め明《あか》る時に、蹋《ふ》み詰《たけ》びて出づる児、自ら言《なの》りたまはく、「吾は是天神の子、名は火明命《ほのあかりのみこと》。吾が父、何処にか坐《ま》します」とのたまふ。次に火の盛《さかり》なる時に、蹋み詰びて出づる児、亦言《なの》りたまはく、「吾は是天神の子、名は火進命《ほのすすみのみこと》。吾が父及び兄、何処にか在《ま》します」とのたまふ。次に火炎《ほのほ》の衰《しめ》る時に、蹋み詰びて出づる児、亦言《なの》りたまはく、「吾は是天神の子、名は火折尊《ほのをりのみこと》。吾が父及び兄等、何処にか在します」とのたまふ。次に火熱《ほとほり》を避《さ》る時に、蹋み詰びて出づる児、亦言《なの》りたまはく、「吾は是天神の子、名は彦火火出見尊《ひこほほでみのみこと》。吾が父及び兄等、何処にか在《ま》します」とのたまふ。然して後に、母吾田鹿葦津姫、火燼《ほたくひ》の中より出来《い》でて、就《ゆ》きて称《ことあげ》して曰く、「妾が生める児と吾が身、自づからに火の難に当へども、少しも損はるる所無し。天孫、豈見《あにみそなは》しつや」といふ。対へて曰はく、「我本《もと》より是吾が児なりと知りぬ。但《ただ》一夜にして有身《はら》めり。疑ふ者有らむと慮《おも》ひて、衆人《ひと》をして皆、是吾が児、幷《ならび》に亦、天神は能《よ》く一夜に有娠《はら》ましむることを知らしめむと欲《おも》ふ。亦汝霊《くしび》に異《あや》しき威《かしこき》有り、子等復倫《またひと》に超《すぐ》れたる気《いき》有ることを明さむと欲《おも》ふ。故《このゆえ》に、前日《さきのひ》嘲る辞《ことば》有りき」とのたまふ。

このようにこの所伝によれば、『古事記』では見たように三つ児だったとされている、コノハナノサクヤビメが生んだホノニニギの子は、四つ児だったと言われているわけだ。ここでその四つ児の長兄だったとされているホノアカリは、『日本書紀』の本文ではホノスセリとヒコホホデミ兄弟の末弟だったとされ、一書第二では両者の中間に生まれたと言われている。一書の第三と第七では、ホノアカリは三つ子の長兄だったとされ、一書第六と第八ではホノスセリとヒコホホデミは、双児の兄弟だったと言われている。一書第五で四つ児の二番目に生まれたとされているホノススミは、一書第四にもホノアカリの弟で、ホノヲリヒコホホデミの兄としてあげられているが、そこでは、この子の名は別伝ではホノスセリであったことが、「又曰はく、火酢芹命」と記されている。『日本書紀』神代第十段の本文ではホノスソリ、一書ではホノスセリだったとされている、海幸彦になった山幸彦の兄の名はホノススミとも呼ばれたのだと思われる。

またこの一書第五の所伝では見たように、『古事記』ではホヲリ、『日本書紀』一書第四ではホノヲリの別名だったとされているヒコホホデミが、四つ児の末弟の名だったとされて、その前の三番目に生まれたホノヲリとは別の子であったように取り扱われている。この両名はどちらも「尊」と呼ばれて、「命」と呼ばれている二人の兄ホノアカリとホノススミよりも、尊貴だったと見なされているが、両者のうちのどちらが、『日本書紀』神代第十段の本文と一書第一、二、三ではヒコホホデミと、一書第四ではヒコホホデミともホノヲリとも呼ばれている、山幸彦に該当するのかはっきりしない。

整理すると各所伝でコノハナノサクヤビメが産んだとされている、ホノニニギの子どもたちの名と数は、次のようであったことになる。

（1）『古事記』――ホデリ、ホスセリ、ホヲリ（亦の名、アマツヒコヒコホホデミ）、三名。
（2）『日本書紀』本文――ホノスソリ、ヒコホホデミ、ホノアカリ、三名。
（3）一書第二――ホノスセリ、ホノアカリ、ヒコホホデミ、三名。
（4）一書第三――ホノアカリ、ホノススミ（又曰はく、ホノスセリ）、ホヲリヒコホホデミ、三名。
（5）一書第五――ホノアカリ、ホノススミ、ホノヲリ、ヒコホホデミ、四名。
（6）一書第六――ホノスセリ、ホノヲリ（亦の名、ヒコホホデミ）、二名。
（7）一書第七――ホノアカリ、ホノヨリ、ヒコホホデミ、三名。
（8）一書第八――ホノスセリ、ヒコホホデミ、二名。

（3）釣針の紛失とシホツチの出現

兄弟が成長すると、兄のホデリ（『日本書紀』本文ではホノスソリ、一書ではホノスセリ）は、海の獲物の魚を取る力の宿った釣針の幸鉤《さちばり》、弟のヒコホホデミともいうホヲリは、山の獲物の獣や鳥を取る力の宿った幸弓《さちゆみ》の持ち主になった。それで兄は海幸彦と呼ばれて、海で魚釣りをし、弟は山幸彦と呼ばれて、山で狩猟をして暮らしていた。ところがあるときホヲリは兄に、「それぞれの道具を、取り替えて使ってみよう」と提案した。兄はそのことを三度頼まれても断り続けたが、ホヲリがそれでもあきらめずに頼み続けたので、最後にやっと、自分の釣針と弟の弓矢を交換して使ってみることに同意した。

『日本書紀』の一書第三ではこのことを提案したのは、兄の海幸彦だったことになっている。それは兄は風が吹いたり雨が降ると魚釣りができなかったが、弟の方は風や雨の日でも狩猟ができたからで、それで兄は弟に、「ためしに幸を交換してみたいのだが」と提案し、弟がその申し出に応じたのだとされ、そのことはこう物語られている。

兄火酢芹命、能《よ》く海の幸を得。故《かれ》、海幸彦と号《はつ》く。弟彦火火出見尊、能く山の幸を得。故、山幸彦と号す。兄は風ふき雨ふる毎《ごと》に、輙《すなは》ち其の利《さち》を失ふ。弟は風ふき雨ふると雖《いへど》も、其の幸忒《たが》はず。時に兄、弟に謂いて曰はく、「吾試《こころみ》に汝と換幸《さちかえ》せむと欲《おも》ふ」といふ。弟、許諾《ゆる》して因りて易《か》ふ。

弟はそこでさっそく兄の鉤を持って海に行き、釣りをしてみたが魚は一尾も釣れずに鉤を海で無くしてしまった。そうすると兄も、弟の弓で狩りをしても獲物が得られなかったので、「山幸の弓矢も海幸の鉤も、本来の持ち主が使うのでなければ役に立たないので、おたがいの道具を返却しあうことにしよう」と言って、弟に弓矢を返し、自分の鉤を返してくれと要求した。弟はそれで、鉤を海で無くしてしまったことを話してあやまったが、兄はどうしても返せと無理に要求するのを止めなかった。困った弟は自分の剣を壊し、それで五百本の鉤を作って弁償しようとしたが、兄は受け取ってくれず、さらに千本の鉤を作って持って行っても受け取らずに、どうしてももとの鉤を返せと要求した。

山幸彦はそれでどうすればよいか分からずに、海辺で途方に暮れて泣いていた。そうするとそこに『古事記』では「シホツチノカミ（塩椎神）」、『日本書紀』では「シホツチノヲジ（塩土老翁）」と呼ばれている、本章の第一節で見たように別名がコトカツクニカツナガサだったとされている、老人の姿をした神が姿を現した。この神の出現の模様は、『日本書紀』の一書第一には、「時に一《ひとり》の長老《おきな》有りて、忽然《たちまち》にして至る。自ら塩土老翁と称る《なの》」と記されている。『日本書紀』の一書第三にはこのとき、海辺で意気消沈して泣いていた山幸彦は、一羽の川雁が罠にかかって苦しんでいるのを見て、かわいそうに思って解き放してやった。そうするとそのしばらくあとに、シホツチの老翁が現れたのだとされ、そのことが、「時に川雁ありて、羂《わな》に嬰《かか》りて困厄《たしな》む。則ち憐心《あはれびのこころ》を起こして、解きて放ち去《や》る。須臾《しばらく》ありて、塩土老翁有りて来《まうき》て」と語られている。

この話は普通には、海の神霊であるシホツチが、自分の支配下に属する水鳥の川雁を使って、山幸彦を試した。そして山幸彦が自分自身が窮地に陥っているにもかかわらず、鳥が苦しんでいるのを見過ごさずに救助してやったのを見とどけた上で、次に見るような助けを与えるために、シホツチが自分の姿を現わしたことを、物語っていると解釈できる。「新編日本古典文学全集」(小学館)の『日本書紀』第一巻の頭注にはそのことが、『川雁』は川の雁で水鳥。水鳥は水の霊でもあるから、これを助けたことによって、潮流の神である塩土老翁が現れる。亀を助けた浦島太郎が竜宮へ案内されるのも同じ思想」と述べられている。

だが筆者は他所で詳説した通りに、(1)この話の中の川雁はじつは、松村武雄がつとにそのことを指摘している通り、(2)シホツチの老翁自身が変身したものだったと見ることができるのではないかと考えている。松村は現に『日本書紀』に語られているこの話で、「川雁と塩土老翁とは、どうやら別個の二存在で、生命を救われた川雁の『さきはへ』によって、塩土老翁が現れて彦火火出見尊に助言を与えまつるように見える」と認めた上で、より古い形ではこの話は、「塩土老翁それ自身が、尊の心を試すべく、川雁の形で罠にかかって居り、尊が之を救ってその殊勝な心ばえを示したので、その謝礼として有益な助言を与えたという形」だったと推定した。この推定の根拠として松村は、多くの民族の神話と民間説話の中で、「水の霊物—殊に海の霊物」が、「自由自在に変形する能力」を持つとされていることを指摘し、その例として『オデュッセイア』(四、三五一〜四八〇)に語られている、エジプトの沖のパロス島で航海に必要な風が吹かぬために難渋していたメネラオスに捕えられた海神のプロテウスが、ライオン、大蛇、ヒョウ、猪、水、樹に次々変身したあと、最後に本体に戻って、どうすればメネラオスの故国のスパルタへの旅を続けられるかを教えたという話をあげている。

このプロテウスには他所ですでに述べた(3)ように、松村が指摘した変身の能力のほかにも、シホツチの老翁との間に顕著な類似が認められる。プロテウスは海神だが、ギリシア神話で海の支配者の地位を占めているポセイドンとは、はっきりと違う類型に属する。『オデュッセイア(四、三五六)』でも、「海の翁のプロテウスの(プロテオス　ハリオイオ　ゲロントス)」と言われているが、この「海の翁(ハリオス　ゲロン)」という呼び名をプロテウスは、ネレウス、グラウコス、ポルキュスなど、同じ類型に属するほかの海神たちと共有している。ポセイドンの陰に隠れた副次的存在だが、押しなべて「賢い翁」の性質を持つこれらの海神たちを古代ギリシァ人たちは、本質的には同類と見なしていた。「海の翁」というのは、彼らに共通する古い神名だったのだと思われる。

プロテウスらギリシァ神話に出てくる「老賢者」の海神たちを指す、この「海の翁（ハリオス　ゲロン）」という呼び名は明らかに、「塩土老翁」の名と酷似している。ギリシァ語の呼び名の中で用いられている形容詞のハリオスの元になったハルスは、もとは「塩」を意味する男性名詞が、「海」を意味する女性詞として転用された語で、ポントスとかペラゴスと呼ばれる「外海」、「海原」と区別され、シャントレーヌが言うように「陸地から見える海[4]」を指して用いられた。これは「塩土老翁」の名に使われている「シホ」が、もともと陸に向けて満ちたり引いたりする海水を指す語だったのと、まさに軌を一にしている。つまり「塩土老翁」と、プロテウスらギリシァ神話の「海の翁（ハリオス　ゲロン）」たちとは、どちらも海に住む老賢者の神で、外海の王である日本神話のワタツミ＝トヨタマヒコや、ギリシァ神話のポセイドンとは違って、人間らの住む陸地と接触の有る海の水（潮流）の主であると考えられていたわけだ。

塩土の老翁は日本神話の中で、ただ日向神話にだけ登場し、その知恵をもっぱら、日向に住んでいた皇室の祖先の神たちを助けるために使ったことを物語られている。この神が高天の原から降臨した天孫のホノニニギが、日向に居を定めてコノハナノサクヤビメと結婚するのを助けたことが、『日本書紀』に語られているのはすでに見た通りだが、その子で皇室の祖先となった山幸彦を、これから見るようにして助けたあとに、さらに山幸彦の孫の神武天皇になるカムヤマトイハレビコも、日向にいたときに塩土の老翁から、貴重な教えを受けたことになっている。『日本書紀』の「神武即位前記」の冒頭には、彼が大和への東征に出発しようとして、そのことを兄たちと長子のタギシミミと相談したときに、自分が塩土の老翁から大和が、都とするのにまさに最適の地であると教えられていることを、こう述べたと物語られている。

抑又《はたまた》、塩土老翁に聞きき、曰ひしく、「東《ひむがしのかた》に美《よ》き地《くに》有り。青山四周《よもにめぐ》れり。其の中に亦、天磐船《あまのいはふね》に乗りて飛び降る者有り」といひき。余謂《われおも》ふに、彼の地《くに》は、必ず以て大業《あまつひつぎ》を恢弘《ひらきの》べて、天下に光宅《みちを》るに足りぬべし。蓋《けだ》し六合《くに》の中心《もなか》か。厥《そ》の飛び降るといふ者は、是饒速日《にぎはやひ》と謂《い》ふか。何ぞ就《ゆ》きて都つくらざむ。

このように王権の正当な保持者またはそうなる資格を有する者のために、知恵をもっぱら役立てるとされていることでも、塩土の老翁は明らかに、ギリシァ神話の「海の翁」と呼ばれている神たちと、たがいに肖似している関係にある。ネレウスが前述したようにプロテウスとともにその代表的存在である、これらのギリシァの老賢者的海神たちが王権とのあいだに持つ、

切っても切れぬ密接な関係を、ベルギー生まれのフランスのギリシァ学者マルセル・ドゥティエンヌは、こう分析している。(5)

「海の翁」の表象と何らかの関係を持つと思われる、正義の諸形態を通して、一つの制度が引き出される。それは王権の機能である。ではこの「海の翁」の像中に、王権の一つのモデルを認めることを可能にする指標として、他にどのようなものがあるであろうか。まず注目すべきは、彼と「政治」との関わりである。事実、ネレウスの五十人の娘たちの大部分は、航海や海上交易の表象を素描する名を持つが、その中の十人近くには、レアゴレ、エウアゴレ（アゴレは「民会」を意味する）、ラオメディア（民に配慮する）、ポリュノエ（思慮深い）、アウトノエ（思慮に満ちた）、リュシアナッサ（アナッサは「女王」）、テミスト（掟または託宣を述べる）、プロノエ（先見の明を持つ）などという、政治的資質を表わす名が与えられている。『神統記』の原文はさらにまた、他の証徴も与えてくれる。すなわちここでネレウスは、二個の意味深い形容詞を冠せられている。まず彼は「老人」であり、すぐれてプレスビュタトス（長老の最たるもの）である。つまりネレウスは、呪われた老齢グラスと対立する老年の持つ祝福された側面を象徴する。彼は、年齢階級に分割された社会において、年長者に当然帰属する権威の原理を体現するのである。しかも、ヘシオドスは彼にまた、もう一つ別の形容詞を与えることによって、最初の形容詞のこのような含蓄をいっそう強化し明確化している。ネレウスは、「心優しい」、「善意に満ちた」者、エピオスである。このエピオスという形容詞は、ネピオイ（幼稚な者たち）すなわち年若の子供たちに対立させて、家父長を修飾するために常用される。これはアルカイック期のギリシァ社会において、幼児は若者に対してと同様に成熟した大人に対しても、負の価値を帯びた存在として定義されたからである。ギリシァ語において、動詞エピュエインは、声の響き、すなわち首長から発散される権威を含意した。この故に形容詞エピオスは、伝統的に王者に冠せられる。なぜならアゴラでの審議に参加することのできぬネピュティオス（幼児）に対し、王はすぐれて権威ある言葉の持ち主であるから。幼児が父親に従属するのと同様なしかたで、彼に従う者たちの「群れ」のために、賢い決定を下すのは彼の役目である。「海の翁」はこのように、神話の部位において、王権の一つの面を代表している。それは王の正義の持つ、恵み深い父親としての一面である。

ギリシァ神話で「海の翁（ハリオス　ゲロン）」という共通の名で呼ばれている神たちとのこのような多岐にわたる著しい肖似から見て、塩土の老翁には松村武雄がつとに看破していたように、助けを与えようとする者の前にまず、変身した姿で現われる性質があったと考えても不思議ではない。『日本書紀』の一書第三に、罠にかかって苦しんでいるところを山幸彦に発見されて助けられたことを語られている川雁は松村に従って、山幸彦の心ばえを試そうとした塩土の老翁の変身した姿だったと見るのが、むしろこの話の自然な解釈ではないかと思われる。(6)

(4) 海神の宮への訪問と滞在

『古事記』によればシホツチが、「何《いか》にぞ虚空津日高《そらつひこ》の泣き患ひたまふ所由《ゆゑ》は」と言って、彼に泣いているわけを尋ねたので山幸彦は、出来事の一部始終をこう言って説明した。

我と兄と鉤を易へて、その鉤を失ひつ。ここにその鉤を乞ふ故に、多くの鉤を償へども受けずて、「なほその本《もと》の鉤を得む」と云ひき、故、泣き患ふぞ。

そうするとシホツチは、「我、汝命の為に善き議《ことはかり》をなさむ」と言って、すぐに无無勝間《まなしかつま》の小船《をぶね》つまり隙間が無いように編んだ竹籠の舟を作り、山幸彦をそれに乗せてこう教えた。

「私がこの船を押し流しますから、しばらくそのまま行かれると道があり、その道のとおりにおいでになると、鱗のように建物の並ぶ宮殿があり、それが海の神のワタツミの住居です。その宮の門に着かれると、そばに井戸があり、その上に神聖な桂の木が枝をのばしています。その木の上にいらっしゃれば、海の神の娘があなたを見つけて、手立てを考えてくれるでしょう」。

それで教えられた通りにして行ってみると、すべてが言われた通りだったので、山幸彦は桂の木の上に登って待っていた。そうするとそこに、海の神の娘のトヨタマビメの侍女が、美しい玉の器を持って水を汲みに来て、井戸の水に光が射しているので上を仰ぐと、木の上にたいそう美しい若者がいるのをが見えた。不思議に思っていると山幸彦がその侍女に「水がほしい」と言って求めた。それで侍女は水を汲んで、玉の器に入れて差し上げると、山幸彦は水を飲まずに、首に掛けていた玉飾りをほどいて、その玉を口に含み玉の器の中に吐き入れた。そうすると玉は器にくっついてしまって、侍女には離すことができなかったので、侍女はしかたなく玉のついたままの器に水を入れて、持ち帰ってトヨタマビメに差し上げた。

トヨタマビメはそれでその玉を見て侍女に、「門の外にだれか人がいるのか」と尋ねた。侍女は、こう答えた。

「井戸のほとりの桂の木の上に、人がいらっしゃいます。たいそう美しい青年で、私どもの王様にも勝って、それはそれは尊いご様子です。その人が水を求められたので差し上げると、水を飲まれずにこの玉を吐き入れられたのですが、離すことができません。それで玉のついたままの器を持ち帰って、あなた様にお渡し申し上げたのです」。

トヨタマビメはそれで、不思議なことだと思い、外に出て山幸彦を見てその気高さに感嘆し、目を見交わして思慕の思いを伝えてから、帰って父に、「門の外に美しいお方がいらっしゃいます」と告げた。そうすると海神は、自分も出て見て「これは天の神の御子のやんごとないお方だ」と言って、山幸彦を宮殿の内に案内し、アシカの皮を八枚敷いた上に絹の敷物を八枚重ね、その上に座らせて、たくさんの台の上に御馳走をどっさり盛り上げて饗宴し、娘のトヨタマビメを妻に差し上げた。

『日本書紀』の一書第一には、山幸彦から事情を説明されると塩土老翁は、持っていた嚢の中から黒い櫛を取り出して地面に投げた、と物語られている。そうすると櫛は、茂った竹の林になったので、その竹で大目麁籠《おほまあらこ》つまり目の粗い竹籠を作り、山幸彦を中に入らせてその籠を海に沈めた。海底に着くと美しい浜があり、山幸彦が籠から出てその浜に沿って進んで行くと、ここではトヨタマヒコという名だったとされている、海神の住む宮殿に着いた。その様子は、「其の宮は城闕崇華《かきやたかくかざ》り、楼台壮《たかどのうてなさかり》に麗《うるは》し」と言われている。

宮殿の門の外に井戸があり、その傍らに桂の木があったので、その下に立っているとしばらくして、「一《ひとり》の美人《をとめ》有り。容貌《かほよ》世に絶《すぐ》れたり」と言われ、絶世の美女だったとされているトヨタマビメ自身が、従者たちを従えて宮殿から出てきた。そして持ってきた玉の壺で水を汲もうとして、水に映った影に気づき、振り向いて山幸彦を見てその不思議な気高さに驚き、宮殿に帰って父神に、「門の前の井の辺《かたはら》の樹の下に、一《ひとり》の貴客《よきまろうと》有《ま》す。骨法《かたち》常《ただひと》に非ず」と言って、えも言われず尊く見える賓客がいることを報告した。

トヨタマヒコはそれで、人を遣わして山幸彦に、「客《まろうど》は是誰《た》そ。何の以《ゆゑ》にか此に至《い》でませる」と尋ねさせ、山幸彦は「吾は是、天神の孫《みま》なり」と言って、海底にやって来たわけを説明した。そうすると海神は、自分で迎えに出て山幸彦を拝し、宮の内に案内して丁重に持て成し、トヨタマビメを妻に奉った。

こうしてトヨタマビメと夫婦になった山幸彦は、それから三年のあいだ海神の宮で暮らした。『日本書紀』の一書第三にはそのあいだの夫婦の琴瑟相和した様子が、「遂に纏綿《むつまか》に篤愛《にたしみ》して已に三年に経《な》りぬ」と記されている。だがこのような夫婦の仲の睦まじさと、海神の宮での暮らしの安楽さにもかかわらず、山幸彦は故郷への思いを断ち切ることができなかった。『日本書紀』本文には、そのために彼は時おり、大きな溜息をつくことがあったとされ、そのことがこう記されている。

已にして彦火火出見尊、因りて海神《わたつみ》の女《むすめ》豊玉姫を娶《ま》きたまふ。仍《よ》りて海宮《わたつみのみや》に留住《とどま》りたまへること、已に三年に経《な》りぬ。彼処に復安らかに楽しと雖《いへど》も、猶郷《なほくに》を憶《おも》ふ情有《みこころま》す。故《かれ》、時に復太《またはなは》だ息《なげ》きます。

『古事記』によれば山幸彦は、トヨタマビメと暮らしていたあいだ、ふだんは溜息などつくことが無かったのに、三年経ったところで夜のあいだに、初めに海底にやって来たときのことを思い出して、一つ大きな溜息をした。それでそれを聞いたトヨタマビメは、翌朝に父神のところに行き、「三年住みたまへども、恒は嘆かすことも無かりしに、今夜《こよひ》大きなる一嘆《なげ》きをしたまひつ。もし何の由《ゆゑ》ありや」と言った。海神はそこで山幸彦に、「今旦《けさ》我が女の語るを聞けば、『三年坐《ま》せども、恒は嘆かすことも無かりしに、今夜《こよひ》大きなる嘆きをしたまひつ』と云ひき。もし由《ゆゑ》ありや。また此間《ここ》に到《き》ませる由《ゆゑ》は奈何《いか》に」と言って、嘆息をした理由と海底に来たわけを尋ねた。山幸彦はそれで、『古事記』によればそこではじめて海神に、自分が兄から借りた釣針を海で無くしてしまい、どうしても返せと兄に強要されて途方に暮れていた事情を説明したとされている。

この話を聞くと海神はすぐに、海に住む大小の魚たちを呼び集めて、山幸彦の言う釣針を取った魚がいるかと尋ねた。そうすると魚たちは、「このごろ鯛が、喉に骨が刺さって物が食べられないと言って嘆いているので、きっとその釣針を取ったのでしょう」と言った。それで鯛の喉を探ってみると釣針があったので、取り出してきれいに洗い清めて、陸に持ち帰って兄に返却できるように、山幸彦に奉った。

(5) 鉤の返却と海幸彦の降伏

このときに海神は釣針といっしょに山幸彦に、塩盈珠《しほみつたま》と塩乾珠《しほふるたま》といふ二つの珠を贈った。そしてこう言って、釣針の兄への返し方と二種類の珠の使い方を、彼に教えてくれた。

この鉤を、その兄に給はむ時に、言りたまはむ状は、「この鉤は　おぼ鉤《ち》、すす鉤《ち》、貧鉤《まぢち》、うる鉤《ち》」と云ひて、後手《しりへで》に賜へ。然してその兄、高田《あげた》を作らば、汝命は下田《くぼた》を営りたまへ。その兄、下田を作らば、汝命は高田を営りたまへ。然したまはば、吾水を掌《し》れる故に、三年の間、必ずその兄貧窮《まづ》しくあらむ。もしそれ然したまふ事を恨《うら》みて攻め戦はば、塩盈珠を出して溺らし、もしそれ愁《うれ》ひ謂《まを》さば、塩乾珠を出して活かし、かく惚《なや》まし苦しめたまへ。

つまり、「釣針を兄に返すときには、『この鉤は、ゆううつにする鉤、失敗をさせる針、貧乏にさせる針、不幸にする鉤だ』と言って、兄に背を向けてお渡しなさい。それから兄が高い場所に田を作ったら、あなたは低い場所に田を作り、兄が低い場所に田を作ったら、あなたは高い場所に田をお作りなさい。そうすれば水を支配しているのは私ですので、兄は三年のあいだ収穫が得られず、必ず貧しくなるでしょう。それでそのことを怒って、戦いをしかけてきたら、塩盈珠を出して溺らせ、あやまって赦しを願ったら、塩乾珠を出して命を助けるというやり方で、悩まして苦しめておやりなさい」と、言ったというのだ。

『日本書紀』本文には、釣針の兄への渡し方について海神は山幸彦に、「此の鉤を以て汝の兄に与へたまはむ時には、陰《ひそか》に此の鉤を呼《い》ひて、『貧鉤《まぢち》』と曰ひて、然して後に与へたまへ」と、教えたと記されている。また一書第二には海神が山幸彦に、「此の鉤を以て汝の兄に与へたまはむ時に、則ち貧鉤《まぢち》、滅鉤《ほろびち》、落薄鉤《おとろへち》と称《のたま》へ。言《のたま》ひ訖《をは》りて、後与《しりへで》に投棄《なげす》てて与へたまへ。向ひてな授けましそ」と教えたことが物語られている。

山幸彦はこのように海神から、釣針を返すに当たっては兄に分からぬように、鉤にそれを持つ者が何をやってもうまく行かず、貧乏で不幸になるという呪いをかけるように。そしてその上に兄とけっして向き合わずに、後向きになって渡すことで、その呪いが自分にはふりかからぬようにすることを、教えられていたとされているわけだ。

それでこのようにして釣針を兄に返したあと山幸彦は、これも海神の教えに従って、兄が高いところに田を作った年には、自分の田は低地に作り、反対に兄が低い土地に田を作った年には、自分の田を高地に作ることを続けた。

『日本書紀』一書第三には海神が、「兄高田《あげた》を作らば、汝は洿田《くぼた》を作りませ」と言って、山幸彦にそうするように教えたと記されている。そうすると海神は海の水だけでなく、雨として地上に降る真水も支配していたので、兄が高い田を作った年には、雨を少ししか降らせなかった。それで兄の田は水が涸れてしまって収穫が得られず、弟が作った田にはちょうど適量の水があって、稲がふんだんに実った。反対に兄が低い田を作った年には、大雨を降らせたので、兄の田の稲は流されてしまい、高い場所にある山幸彦の田には、必要なだけの水があって稲がよく実った。

それで三年すると、兄はそのあいだいくら苦労して田を作っても、稲が実らぬことが続いたのですっかり貧窮し、山幸彦の方は毎年、田に植えた稲が豊かに実って富裕になった。それで海神が予想していた通り、兄はこのことを怒って弟に戦いをしかけてきたが、山幸彦は教えられていた通り、兄が攻めて来れば海神にもらった塩盈珠を出して溺らし、困厄してあやまれば、塩乾珠を出して命を助けてやることをくり返した。『日本書紀』の本文には、この二種類の珠は潮満瓊《しほみちのたま》と潮涸瓊《しほひのたま》で、それらを奉りながら海神はこう言って、その使い方を山幸彦に教えたと記されている。

潮満瓊を漬けば、潮忽《たちまち》に満たむ。此を以て汝の兄を没溺《おぼほ》せ。若《も》し兄悔いて祈《の》まば、還りて潮涸瓊を漬けば、潮自《おの》づからに涸《ひ》む。此を以て救ひたまへ、如此逼悩《かくこせめなや》まさば、汝の兄自伏《したが》ひなむ。

それでこの教えの通りにして兄をさんざんに苦しめると兄は、海神が「如此逼悩まさば、汝の兄自伏ひなむ」と言って、そのことを予測していた通りに、『古事記』によればしまいに「稽首白《めみ》ししく」と言われているように額を地面にすりつけ、「僕は今より以後は、汝命の昼夜の守護人《まもりびと》となりて使へ奉らむ」と言って、山幸彦に降伏した。そのことに続けて『古事記』には、「故、今に至るまで、その溺れしときの種々《くさぐさ》の態《わざ》、絶えず使へ奉るなり」と、記されている。

つまりこのときに兄の海幸彦が弟にした約束に従って、海幸彦の子孫の九州の南部に住んでいた隼人の人々は、『古事記』や『日本書紀』が編纂された時代までずっと、六年交代で徴集されて宮廷の警護や行幸の供奉を務めて、山幸彦の子孫の天皇の守護の役を果たし続けた。そのときに彼らは、元旦や、即位の儀や大嘗祭においては応天門で、また行幸のおりには国の境いや、道の曲がり角などで、犬の吠える声を思わせるような、悪霊を払う呪力を持つと信じられた吠え声をあげたので、『日本書紀』の一書第二にはそのことが、「是を以て、火酢芹命《ほのすせりのみこと》の苗裔《のち》、諸《もろもろ》の隼人等、今に至るまでに天皇の宮墻《みかき》の傍《もと》を離れずして、代《よよ》に吠《ほ》ゆる狗《いぬ》して奉事《つかへまつ》る者なり」と、記されている。

「故、今に至るまで、その溺れしときの種々の態、絶えず仕へ奉るなり」という『古事記』の記述では、天皇の代の替わるごとの大嘗祭で、朝廷への服従を表わす「服属儀礼」として、隼人の人々によって演じられた。隼人の舞と呼ばれた歌舞の起源が、このときの海幸彦の降伏と結びつけられて説明されている。この隼人の舞の所作は、大和朝廷の人々の目にはきわめて異様で、まるで海に溺れかけている人のしぐさをまねているように見えた。それで彼らはこの舞を、隼人の祖先の海幸彦が、天皇の祖先の山幸彦の操る塩盈珠によって、溺れさせられて苦しんでいる様子を表現していると、理解したのだと思われる。『日本書紀』の一書第四には、海幸彦が弟に屈服して許しを願ったときのことが、こう記されている。

是に、兄、著犢鼻《たふさき》して、赭《そほに》を以て掌に塗り、面《おもて》に塗りて、其の弟に告《まう》して曰さく、「吾、身を汚すこと此の如し。永《ひたぶる》に汝の俳優者《わざをきひと》たらむ」とまうす。乃ち足を挙げて踏行《ふ》みて、其の溺苦《くるし》びし状《かたち》を学《なら》ふ。初め潮、足に漬く時には、足占《あしうら》をす。膝に至る時には足を挙ぐ。股に至る時には走り廻る。腰に至る時には腰を捫《えら》ふ。腋に至る時には手を胸に置く。頸に至る時には手を挙げて飄掌《たひろか》す。爾《それ》より今に及るまでに曽《かつ》て廃絶《やむこと》無し。

つまり海幸彦は、自分の命は助けてくれたが怒ったままでいる弟に対して、ふんどしをし赤土を手と顔に塗って、「自分はこのように体を汚し、永久に俳優としてあなたに仕えるので、どうか堪忍してほしい」と言って、次のようにして溺れて苦しんだときの様子を、まねして見せた。はじめに潮が満ちて足を浸したときのしぐさとして、足占つまり爪先立ちをして見せ、膝まで来たときのしぐさとして足をあげ、股まで来たときのしぐさとして走りまわり、腰まで来たときのしぐさとして腰を撫で、腋まで来たときのしぐさとして、手を胸に置き、首まで来たときのしぐさとして手をひらひらさせて見せた。それで海幸彦の子孫の隼人の人たちは、このときから今に至るまで、隼人の舞を演じるたびに、この所作をくり返しているというのだ。

このように日向を舞台にして語られている、日本神話の結末の日向神話でも中心的な事件として、海幸彦と山幸彦のあいだに、激しい軋轢があったことが物語られている。そして此の場合にも、その前にあったとされているアマテラスとスサノヲや、スサノヲとオホクニヌシ、またオホクニヌシとアマテラスの衝突と同様に、この海幸彦と山幸彦の葛藤でも、敗者になって完全に屈服したとされている海幸彦は、其の結果として存在も価値も抹殺されてはいない。海幸彦は命を助けられただけでなく、爾後は彼の子孫の隼人たちが、天皇の支配する国の南端に位置した居住地から大和に来て、朝廷の人々には狗の吠声のように聞こえた咆哮で邪霊を払いながら、山幸彦の子孫の代々の天皇の守護を務め、また服従のしるしの隼人の舞を演じて見せることで、天皇の権威が国の隅にまで及んでいることを、はっきりと示す役を果たすことになったとされているわけだ。

このようにして天皇のために、九州から出て来て奉仕することは隼人の人々にとって、大きな誇りとも喜びとも感じられていたのだと思われる。『日本書紀』の「清寧紀」の元年冬十月の条には、雄略天皇が崩御したのちに、天皇に仕えていた隼人たちが、昼も夜も陵墓の側で大声で泣き叫ぶことを続けて、食物を与えても口にせず、ついに七日目に死んだ。それで天皇陵の北に墓を作って、礼を尽して彼らを葬ったことが記されている。

つまりこの忠誠心に溢れた隼人の人たちは、彼らの祖先の神が、「僕は今より以後は、汝命の守護人となりて仕え奉らむ」と言って約束した奉仕を、仕えていた天皇の崩御したあとも、自分たちも「有司《つかさ》、墓を陵の北《きたつかた》に造りて、礼《ことわり》を以て葬《かく》す」と言われているように、天皇陵の側近くに手厚く葬られて、いつまでも続けることになったとされているわけだ。

第五章　日の御子たちの誕生譚の問題

(1) ウガヤフキアヘズの出生と結婚

山幸彦が海神に鯛の喉に刺さっていたのを取り戻してもらった、無くしていた兄から借りた釣針を持って陸に帰って行ったときに、トヨタマビメはすでに夫の子を妊娠していた。それでその子が生まれるときになると、『古事記』によれば海から出て山幸彦のもとに来て、「妾は已に妊身《はら》めるを、今産む時に臨《な》りぬ。こを念ふに、天つ神の御子は海原に生むべからず。故、参出至《まねでき》つ」と言った。山幸彦はそれで大急ぎで、海辺の波打ち際に、鵜の羽で屋根を葺いて、妻がお産をするための産殿を造った。ところがその屋根がまだ葺き終わらないうちに、トヨタマビメは陣痛に耐えられなくなって産殿に入った。お産をしようとしたときにトヨタマビメは夫にこう言った。

「他の世界から来た者はお産をする時には、自分の本国での姿に戻って産みます。ですから私も、本来の姿になって産みますので、お願いですからどうかそのあいだ、私をごらんにならないでください」。

だがこの言葉を不思議に思って山幸彦は妻の頼みを聞かずに、子を産もうとしているところをこっそり覗き見した。そうするとトヨタマビメは、巨大な鮫の姿で腹這いになり、身をくねらせのたくっていたので、それを見た山幸彦は恐れ驚いて逃げ出した。

トヨタマビメは夫が覗き見したことを知って恥しく思い、産んだ子をその場に置き、「私はこれからも海の道を通って行き来してあなたとの結婚を続けようと思っていたのですが、あなたが私の姿を覗き見なさったことが本当に恥しくて、そうすることができなくなりました」と言って、海神の国とこの世界の境を塞いで、自分の国へ帰って行ってしまった。トヨタマビメが産み置きにした子には、波打ち際に建てた産殿の鵜の羽で葺いた屋根が、葺き終わらないうちに生まれたので、アマツヒコヒコナギサタケウガヤフキアヘズの命という名前が付けられた。

そのあとトヨタマビメは、自分が産んで置いてきた子を、自分に代わって育てさせるために、タマヨリビメという妹の女神を地上に送った。そのときに彼女は、覗き見されたことを恨んでいても、夫を恋慕し続けている自分の切ない気持ちを詠んだ歌を、妹に託して夫にとどけさせた。そうするとヒコホホデミも、自分も同衾したトヨタマビメを忘れることはけっしてないという歌を詠み返したという。そのことは『古事記』に、こう記されている。

然れども、その伺《かきま》みたまひし情を恨みたまへども、恋しき心に忍びずて、その御子を治養《ひた》

しまつる縁《よし》によりて、その弟、玉依毘売に附けて、歌を献りたまひき。その歌に曰ひしく、

赤玉は　緒さへ光れど　白玉《しらたま》の　君が装《よそひ》し　貴くありけり。（赤玉は通した緒まで光りますが、白玉のようなあなたのお姿は、それよりもさらに気高く美しいものでした）。

といひき。ここにその夫《ひこぢ》答へて歌ひたまひしく、

沖つ鳥　鴨着く島に　我が率寝《ゐね》し　妹は忘れじ　世のことごとに。（沖にいる鳥の鴨が降り着く島で、契りを結んだ妻のことは、世が続くかぎりけっして忘れることはない）。

とうたひたまひき。

『日本書紀』の本文によると、山幸彦が海神の宮を去って陸に帰ろうとしたときに、トヨタマビメは彼に「妾已に娠めり。当産久《こうまむときひさ》にあらじ。妾、必ず風濤急峻《かぜなみはや》からむ日を以て、海浜に出で到らむ。請《ねが》はくは、我が為に産屋《うぶや》を作りて相待ちたまへ」と言って、「自分は妊娠していて、やがて子が生まれるときになるので、風と波の早く激しい日に海辺にやって来るから、どうか

自分のために産屋を作って待っていてほしい」と、依頼していた。そしてその言葉の通り、風と波の激しい日に妹のタマヨリビメを連れ海辺にやって来て、用意されていた産屋に入ったが、そのとき「妾産《こう》まむ時に、幸《ねが》はくはな看《み》ましそ」と夫に懇願していたのに、ヒコホホデミがその頼みを聞かずに行って覗いて見ると、竜の姿に化身してお産をしようとしていた。そして見られたことをひどく恥じて、「これ以上はもう夫婦の仲を続けられなくなった」と言って、産んだ子を草で包んで海辺に捨て、陸と海の通路を閉じて、海底に帰って行ってしまったと物語られている。一書第一によれば、帰って行ったときにトヨタマビメは、連れて来ていた妹のタマヨリビメを陸に残して、産んだ子の養育に当たらせたとされている。

一書第三によれば、トヨタマビメは陸に帰って行く山幸彦に、「妾已に有娠《はら》めり。天孫の胤を、豈海の中に産むべけむや。故、産まむ時には、必ず君が処に就《まう》でむ。如し我が為に屋《うぶや》を海辺に造りて、相待ちたまはば是所望《ねがひ》なり」と言って、「産室を作って自分が、子を産みに来るのを待っていてほしい」と頼んでいたので、ヒコホホデミは鵜の羽で屋根を葺いて産室を作った。そうするとトヨタマビメは、妹のタマヨリヒメを連れ大亀の背に乗って海を照らしてやって来た。そして夫に、「妾方《みさかり》に産《こう》むときに、請《こ》ふ、な臨《み》ましそ」と言って、その未完成の産屋に入った。ヒコホホデミが不思議に思って覗き見すると、トヨタマビメは巨大な鮫の姿に化身していた。そして子が生まれたのちにヒコホホデミが、「児の名を何《いか》に称《なづ》けば可《よ》けむ」と尋ねると、「彦波瀲武鸕鷀草葺不合尊《ひこなぎさたけうかやふきあへずのみこと》と号《なづ》くべし」と答えたが、そう言い終わるとすぐに、姿を見られたことを恥じて、海を渡って帰って行ってしまったとされている。ヒコホホデミが前掲した、「沖つ鳥」の歌を詠んだのは、この所伝ではこのときのことだったとされている。

このの ちトヨタマビメは、産んだ子が端麗ですばらしいことを聞いて、心にたいそういとしく思い、地上に行って自分が育てたいと思ったが、それはいかにも道理にかなわないと思えたので、妹のタマヨリビメを地上に遣わしてその子を育てさせた。そのときに前にヒコホホデミが別れに当たって、自分に詠んでくれた歌への返歌をして、タマヨリビメに託して奉ったのが、「赤玉の　光はありと　人は言へど　君が装《よそひ》し　貴くありけれ（赤玉の光はすばらしいと人は言いますが、あなた様のお姿は、それよりもずっと気高くていらっしゃいました）」という歌だったという。

一書第四によればトヨタマビメは、出産に当たって自分が夫にした頼みが無視されて、恥をかかせられたことを恨んで、産んだ子を真床覆衾《まとこおふふすま》という寝具と草で包んで、波打ち際に置いたまま海に入って行った。一伝によれば、波打ち際に置き去りにしたのではなく、自分で抱いて海中に帰ったのだともいう。そしてだいぶ時が過ぎてから、「天孫の胤を、此の海《わた》の中に置きまつるべからず」と言って、タマヨリビメに抱かせて地上に連れて行かせて、育てさせたのだとされている。

ともかくこのようにして、トヨタマビメが産んだヒコホホデミの子のウガヤフキアヘズは、生母には育てられずに、母の妹だったタマヨリビメに養育された。生母との別れは、トヨタマビメがいったんは産んだ子を自分が抱いて海底に帰り、そのあと「久しくして」のちに、「玉依姫をして抱かしめて送り出しまつる」と言われている、右にあげた『日本書紀』一書第四の「一云」の記事だけを除き他のすべての所伝で、ウガヤフキアヘズの誕生の直後に起こったことだとされている。このようにして成長するとウガヤフキアヘズは、その自分の養母で叔母でもあったタマヨリビメを妻に娶った。そしてこの結婚から、初代の天皇の神武帝となった、別名をワカミケヌともトヨミケヌともいうカムヤマトイハレビコと、その三人の兄たちが生まれたのだとされ、そのことは『古事記』に、「この天津日高日子波限建鵜葺草葺不合命《あまつひこひこなぎさたけうがやふきあへず》、その姨《をば》玉依毘売命を娶《めと》して、生みませる御子の名は、五瀬命《いつせ》。次に稲氷命《いなひ》。次に御毛沼命《みけぬ》。次に若御毛沼命《わかみけぬ》、亦の名は豊御毛沼命《とよみけぬ》、亦の名は神倭伊波礼毘古命《かむやまといはれびこ》」と記されている。

(2) インド・ヨーロッパ神話との吻合

日本神話の掉尾にはこのように、神代と人代を画する事件として、初代の天皇になったカムヤマトイハレビコの父神のウガヤフキアヘズが、海神ワダツミ（＝トヨタマヒコ）の娘のトヨタマビメから生まれたが、出産している最中の自分の醜怪な姿を夫に見られたことを恥じたこの実母と、生後すぐに産み捨てにされるようにして別れて、その母の妹だったタマヨリビメに養育された。そして成長すると自分を生母に成り代わって哺育してくれた養母で、叔母でもあったタマヨリビメと結婚し、カムヤマトイハレビコとその兄たちを産ませて、皇室の祖神になったということが語られている。

『古事記』によればこのウガヤフキアヘズの名の完全な形は、天津日高日子波限建鵜葺草葺不合命（あまつひこひこなぎさたけうがやふきあへずのみこと）、その父の山幸彦の名は、天津日高日子穂穂手見命（あまつひこひこほほでみのみこと）、祖父の天孫の名は、天邇岐志国邇岐志天津日高日子番能邇邇芸命（あめにきしくにきしあまつひこひこほのににぎのみこと）で、「天の太陽を仰ぎ見るように尊い日の御子」を意味すると思われる「天津日高日子」という尊称は、これらの日向に住んだ三代の皇祖神たちに共通している。つまり日向神話の主人公のこれらの神たちはそろって、「やんごとない日の御子」たちだったので、その彼らの「日の御子」としての本性は言うまでもなく、『古事記』に太陽女神アマテラスの「太子（ひつぎのみこ）」だったと明言されている、オシホミミから継承されたものだった。オシホミミに始まるこれらの皇祖神たちは、『日本書紀』神代第九段の一書第四で天孫が「天津彦国光彦（あまつひこくにてるひこ）」と呼ばれているように、それぞれが天から来て下界を照らす太陽にほかならなかったので、くり返される事件として起こる彼らの誕生にはそのたびに、夜明けごとに朝日が東天に新しく姿を現すようにして、新生してくる太陽を迎える事件としての意味があったと思われる。

デュメジルによって明らかにされているように、(1) この黎明に東天で起こる朝日の発生はインド・ヨーロッパ語族の古い神話では、夜の女神が赤子の太陽を産む事件と観想されていた。だが太陽が生まれると夜はとうぜん、すぐに消滅することになるので、夜には腹を痛めた新生児の太陽を、自身が乳を与えて育て続けることはできない。それで姿を消すことになる夜に代わって、夜の妹である曙の女神が、太陽を姉から引き渡されて自身の愛児として慈しみの限りを尽して育て、世界に出現させると考えられていた。

『リグ・ヴェーダ』に歌われている古いインドの神話では、夜の女神のラートリーと曙の女神のウシャスは、一方は暗黒で他方は眩い、色の対蹠的に違う双子の姉妹で、両者の共通の愛児である赤子の太陽に、いっしょに乳を与えて育てるとされ、そのことが第一巻の九六番の讃歌の五節には、こう歌われている。

夜と曙は、色を取り換えながら、いっしょに一人の男児に乳を与える。彼は天と地の中間にあって、黄金色の装身具の如くに光り輝いている。

一、九五、一では夜と曙は、赤子の太陽である一頭の仔牛に、まず夜、次に曙という順序で代わりあって乳を与える、二頭の母牛に擬えられている。そしてその仔牛の太陽は、夜の乳を飲んでいるあいだもすでに黄金色だが、そのあと曙に哺育されることで、眩しい光をいっぱいに放って輝くようになるのだとされ、そのことがこう歌われている。

毛色の異なる二頭の牝牛が、美しい目標を追って歩を進める。彼女たちは交代で一頭の仔牛に乳を与える。一方の牝牛の傍らにいるあいだも、仔牛はその本性に従って黄金色であるが、他方の牝牛の側では、彼は美しい光輝の中に、燦然と輝く。

夜と曙はこのように、両者共に赤児の太陽に乳を与える共通の母であるとも見なされるが、厳密に区別すれば前述したように、夜の方が太陽を腹を痛めて産む生母であるが、太陽が出現するとすぐに姿を消さねばならぬので、自分の産んだ子を自分では育てられぬその夜に代わって、曙が姉の子を引き取り自分の子にして慈しみの限りを尽して愛育する。そしてそのようにして姉の夜から引き継いで、太陽の母の役を務めることこそが、曙にとってまさに無上の誇りであるので、そのことは三、五五、一一～一四に、こう歌われている。

双子の姉妹は、それぞれに異なった色を身に帯びた。一方の色は、眩いばかりであり、他方は黒い。暗いものと紅色のものは、二姉妹である。（一二節略）。

他方の産み落とした仔牛を、嘗めてやりながら、彼女は唸り声を発する。（一三節後半略）。

多彩なる者は下に、美しい色を帯びる。一歳半の仔牛に愛撫を加えながら、彼女は誇らしげに頭を持ち上げる。


デュメジルは『リグ・ヴェーダ』に歌われているこの古いインドの神話を、古代ローマで実施されていた、一見すると奇異に思われる儀礼と比較分析することによって、曙の女神が姉である夜の女神が産む赤児の太陽を、引き取って自身の子として愛育するという神話が、もともとはインド・ヨーロッパ語族に共通のものであったことを明らかにした。ローマでは毎年の六月十一日に、マテル・マトゥタ（母である曙）と呼ばれた曙の女神の祭りが実施されていた。この祭りはマトラリア（母の祭り）と呼ばれていたが、その祭りのあいだに、マトゥタの神殿でローマの婦人たちが、不思議と思われる振る舞いをしたことが、プルタルコスによって著作の三個所で述べられている。彼女たちは祭りのあいだに、自分たちの子ではなく姉妹の子を「腕に抱いて崇めた（エナンカリゾンタイ　カイ　ティモーシン）」（『カミルス伝』、五、二、『De frateno amore』、二一）とも自分たちの子のためではなく、姉妹の子のために、「祝福を祈った（エウコンタイ　タガタ）」（『Quaestiones Romanae』、一七）とも言われている。このことの理由は、われわれに残されている文学作品などの資料が書かれた時代のローマ人たちには、不可解と見なされるようになっていた。だが右に見た『リグ・ヴェーダ』の神話に照らして見れば、ローマの婦人たちがこのようにしたことの理由は、明瞭になる。ローマでも曙の女神マトゥタは古くは、自分の腹を痛めたのではなく、姉の夜が産んだ太陽のために、母の務めを果たすことで、「母である曙（マテル・マトゥタ）」になると考えられていた。

マトラリア祭の当日の六月十一日は、やがて夏至を迎える時節に当たっていた。つまりこの時には昨年の冬至から日ごとに増大してきた太陽の勢いが、やがて絶頂に達したあとにそこから一転して、次の冬至まで衰退を始めようとしていたわけだ。だからこの時期に曙女神の祭りでローマの婦人たちは、マトゥタの前で自分たちも女神の例に倣い、自身の子ではなく姉妹の子を、心をこめて慈しみ崇める姿を示しながら、母であるマトゥタが太陽の母の役を、ますますよく果たしてくれることを祈念していた。そしてこの婦人たちの所作は、それがもと表現していた神話が、ローマ人たちに忘れられてしまった後も、マトラリア祭の肝心な儀礼として、墨守され続けられていたのだと思われる。

ところでこの『リグ・ヴェーダ』に歌われている神話と、古代ローマの祭りで実施されていた儀礼の比較から復原できる、インド・ヨーロッパ語族の神話で、夜と曙と赤児の太陽について語られていた事柄は、本章の第一節で見たウガヤフキアヘズの神話で、この皇祖神とその生母のトヨタマビメと、トヨタマビメの妹で姉に代わってウガヤフキアヘズを育てたとされているタマヨリビメとが、演じたとされている役割と、まさにぴったりと対応している。「天津日高日子」と呼ばれる「日の御子」であるウガヤフキアヘズに、新生する太陽の性質が認められることは、すでに見た通りだが、その赤児の太陽を産んだことで、自分の醜怪なのたうつ鮫の姿を曝してしまい、そのために子のもとを離れねばならなかったとされているトヨタマビメのあり様は、太陽を産んだあとその太陽の出現によって暗黒の姿をとどめられなくなって、子と別れねばならなくなるという、インド・ヨーロッパ神話の夜の女神に肖似している。そしてトヨタマビメの妹で、姉に代わってウガヤフキアヘズを育てたという、タマヨリビメが演じている役は、インド・ヨーロッパ神話で曙の女神が、姉の夜に代わって果たすとされている、太陽の母の務めと明らかに吻合するからだ。

しかもウガヤフキアヘズは見たように、このようにして叔母に育てられたあとで、成長するとそのタマヨリビメと結婚したとされているが、この点でもこの皇祖神の履歴は、『リグ・ヴェーダ』に見られる古い太陽神の神話の筋を再現している。なぜならば『リグ・ヴェーダ』においても太陽は、第一巻の一一五番の讃歌の第二節に、「太陽は、乙女の後を追う若者のごとく、光輝く女神ウシャスの後を追う」と歌われているように、成長すると彼の養母の曙の女神に恋情を燃やして、その後を追いまわす。そして七、七五、五でウシャスのことが、「報酬をもたらす太陽の妻は、麗しき贈り物により、富を支配し財宝を支配したまう」と歌われているように、曙の女神はけっきょく、彼女が慈しみの限りを尽くして愛児として哺育した、彼女の姉の子の太陽の妻になると見なされているからだ。

(3) アメノウズメとウシャス

ところでウガヤフキアヘズに見られる「日の御子」としての性質は、すでに見たように、『古事記』に太陽神アマテラスの「太子(ひつぎのみこ)」であったと明言されているオシホミミから継承されたもので、そのオシホミミの子の天孫ホノニニギからウガヤフキアヘズまで、どれも「天津日高日子」という尊称で呼ばれている、「日向神話」の主人公の三代の皇祖神たちに共通するものだった。他所ですでに指摘したことがある(2)ように、これらのそれぞれが「日の御子」つまり「新生する太陽」である皇祖神たちについての伝承には、前節で取り上げたインド・ヨーロッパ神話の強い影響を受けている痕跡が、ウガヤフキアヘズだけでなくてその父祖の神たち、オシホミミ、ホノニニギ、ヒコホホデミ（＝山幸彦）の場合にも、はっきりと認められる。

まず天孫のホノニニギについては、この神も出生したあとすぐに、生母の女神と別れねばならなかったとされていることが、注目される。第三章の六節ですでに見たように、オホクニヌシが国譲りを承知したことが高天の原に報告されると『古事記』によれば、アマテラスとタカギの神はオシホミミに向かって、「今、葦原中国を平け訖《ことむ》へぬと白せり。故、言依《ことよ》さしたまひし随《まにま》に、降りまして知らしめせ」と言って、高天の原から降りて行って、葦原の中つ国の支配者になるように命令した。そうするとオシホミミは、「僕は降らむ装束《よそひ》しつる間に、子生《あ》れ出でつ。名は天邇岐志国邇岐志天津日高日子番能邇々芸命ぞ。この子を降すべし」と答えた。それでこの提案に従って、父が降りて行こうとして身支度をしていたあいだに生まれたという、赤児だったホノニニギがあらためて、「この豊葦原水穂国は、汝知らさむ国ぞと言依さしたまふ、故命の随に天降るべし」という命令を受けて、彼を産んだヨロヅハタトヨアキツシヒメのもとから離されて、地上に降臨させられることになったのだと物語られている。

天孫の降臨に当たっては一群の天神たちが、供奉をして高天の原から地上に降ってきたことになっているが、その中でとくに肝心だったのは、見たように、アマテラスを天の岩屋から招き出すために天神たちがした祭りでも、それぞれが重要な貢献をしたことが物語られている、『古事記』では「五伴緒」、『日本書紀』では「五部神」と記されている、「いつとものを」と呼ばれている五柱の神たちだった。そしてその五神の中で岩屋戸の前の祭りでも、天孫の降臨のためにも、際立って出色な働きをしたのは、アメノウズメという女神だったことになっている。

岩屋戸の前ではこの女神は見たように、伏せた桶を踏み鳴らして踊りながら、乳房と陰部を剝き出して見せた。それでその滑稽な様子を見た八百万の天神たちが、高天の原が鳴り響くほど大笑いをしたので、その物音を聞いて不審に思ったアマテラスが、固く閉まっていた岩屋の戸を内側から細く開いてアメノウズメに声をかけ、そのことが太陽女神が岩屋から招き出されるきっかけになったことが物語られている。つまりアメノウズメは自分の乳房と陰部を見せることで、太陽女神が出てくるための通路を塞いでいた、岩屋の戸を開かせたことになっているわけだ。

アメノウズメはまた天孫を地上に降臨させるためにも、遮断されているように見えた通り道の障害を無くするために、やはり乳房と陰部を見せたことを物語られている。『日本書紀』神代第九段の一書第一によれば見たように、天孫の一行が降臨のために高天の原から出発しようとしていると、そこに先駈けとして遣わされていた神が、あたふたと帰って来た。そして地上に降りて行くために、どうしても通らねばならぬ要所の「あまのやちまた」に、背丈が雲を衝くような巨漢で、長い鼻を持ち、大きな鏡のような円い目と口のわきから眩しい光を放っている異様な神が立ちはだかって、通り道を塞いでいると報告した。

そうするとその神のところに行き、だれで何のためにそこにいるのか尋ねてくるように命令されたアメノウズメは、「天鈿女、乃ち其の胸乳を露《あらは》にかきいでて、裳帯《もひも》を臍《ほそ》の下に抑《おした》れて、咲噱《あざわら》ひて向き立つ」と言われているように、その神と向かい合って立って笑いながら、乳房と陰部を露出して見せた。そうするとその神は、それまで続けていた沈黙を破り、「天照大神の子の所幸《いでま》す道路《みち》に、如此《かく》居ること誰《た》そ。敢へて問ふ」というアメノウズメの質問に答えて、「天照大神の子、今降行《いでま》すべしと聞く。故に、迎へ奉りて相待つ。吾が名は是、猨田彦大神《さるたひこ》」と言った。そしてそれまで降臨の邪魔をしているように見えていたのが一転して、天孫らの一行の先頭に立って、日向の高千穂の峯まで降臨の道案内を務めたと言われている。

第三章の八節で見たように天孫の降臨は、太陽女神アマテラスの嫡孫である日の御子が天から降りて来ることで、太陽の恩沢が地上に充溢することになるという意味を持った出来事だった。そしてアメノウズメはそのことのために、アマテラス自身を天の岩屋から出現させるためにしたのと同様に、やはり乳房と陰部を露出して見せた。そしてそうすることで、閉じていた天の岩屋の戸を開かせたように、このときも塞がれているように見えた降臨のための通路を、開放したことになっているわけだ。

このように太陽を出現させ、日光の恵みに世界を浴させるために、裸体を露呈するということは、『リグ・ヴェーダ』の神話で、曙の女神ウシャスについても、くり返し語られている。絶世の美女だとされているこの女神は朝まだきに、太陽に先立って東の空に顕現する。そしてそこで自身の艶やかな裸身を、すっかり曝け出して見せることで、太陽が世界に出現するための道を開くとされている。そのウシャスによる惜しげの無い裸体の顕示のことは、『リグ・ヴェーダ』の第五巻の八〇番の讃歌の四節には、「多彩な色を帯びた女神は、身の丈を二倍にしつつ、東天に裸体を露呈したまう」と歌われ、また第一巻の一二三番の讃歌の一一節には、「母により磨き上げられた乙女のごとく美しく見ゆる裸体を、汝は露呈し、熟視されるにまかせたまう」と歌われている。第一巻の九二番の讃歌の四節にはとりわけ、「彼女は舞踏する女のごとく、多彩な色を身に帯び、脹れた乳房を露呈する牝牛のごとく、その乳房を露わになしたまう」と歌われて、このときのウシャスの有様が、踊りながら豊満な乳房を剝き出して見せる、女性の姿に擬えられている。これは天の岩屋戸の前でアメノウズメが、踊りながら乳房を剝き出して見せたと言われているのと、驚くほどよく吻合する。

このようなウシャスの裸身の呈示によって、太陽が出現するための通路が解放されることは、第一巻の一二三番の讃歌では、一一節に女神が美しい裸体を曝すことが右に訳出したように歌われているのに続いて一六節に、「暗闇は去った。光が近づく。彼女は太陽の歩む道を、開放した」と歌われている。第七巻の七九番の讃歌の四節では、ウシャスがこのようにして太陽のために通路を開くことが「汝は、鎖された岩屋の戸を開く」と言われている。これは言うまでもなく、アメノウズメの女体の露出によって、鎖されていた天の岩屋の戸が開かれたことになっているのを彷彿とさせる。また第一巻の一二三番の讃歌では、前掲した一一節の直前の一〇節でウシャスの所作が、「年若き乙女なる汝は笑みつつ、欲求する神の前に、乳房を露わにしたまう」と描写されているが、これはアメノウズメがサルタヒコの前でした乳房と陰部の露呈が、見たように「乃ち其の胸乳を露にかき出で、裳帯を臍の下に抑れて、咲噱ひて向きて立つ」と言われて、笑いながら為されたとされているのと吻合する。

日本神話で語られている、アメノウズメによる乳房と女性器の露出は、それだけを取り上げてみると、すこぶる奇異な出来事のように思える。だが『リグ・ヴェーダ』の中で歌われている、ウシャスの見てきたような振る舞いは、特段に奇妙なことではない。曙の女神が太陽を出現させるために、自分の美しい裸身を隈なく曝して見せるというのは、夜明けのたびごとに東天で起こる事象を、そのまま擬人化して述べた話として、自然に理解できる。古いインド・ヨーロッパ語族の神話の中で曙の女神が持っていた性格が、アメノウズメに継承されていると考えれば、この女神が太陽を招き出すためにも、また陽光の恵みを地上に遍満させるためにも、肉体の隠しどころを見せることをくり返したとされていることも、別段に不思議ではなくなる。たしかに日本の神話でアメノウズメは、赤児だった天孫のために、養母の役をしたことは語られていない。だが誕生の直後に生母と別れ、そのあとインド・ヨーロッパ神話の曙の女神を彷彿させる女神の働きで、地上への降臨を果たしたとされていることでホノニニギの神話には、問題にしてきたインド・ヨーロッパ神話の影響を受けている痕跡が、はっきりと認められる。

（4）「ナルト叙事詩」の英雄ソスランと太陽

デュメジルはここで問題にしている、太陽が生みの母と育ての母と二名の母神を持つという神話が、もとはイラン人にも知られていたことが、コーカサス地方に住むオセット人のあいだで語られてきている、英雄伝説の中の話から、はっきりと確かめられることを指摘している。(3)オセット人は現在でも、イラン人の一派だったスキュタイ人系民族の言語から変化した言葉を使用し続けているが、そのオセット人のあいだには、ナルトと呼ばれる英雄たちの事績を語っているので、専門家によって「ナルト叙事詩」と呼ばれている豊富な英雄伝説が、口頭で伝承されてきている。そしてその中で語られているナルトたちの振る舞いは多くの点で、ヘロドトスらによって古代のスキュタイ人のあいだにあったことが報告されている特異な習俗と、びっくりするほどよく吻合するので、「ナルト叙事詩」は全体がスキュタイ系民族の神話が英雄伝説に変化したものであることが、確実と考えられている。

このオセット人の「ナルト叙事詩」の中で中心的活躍をしている大勇士の一人に、ソスランという名の英雄がある。このソスランはこれから見るように、河の岸辺にあった石から生まれるという、きわめて特異な誕生のしかたをしている上に、叙事詩中に語られている彼の振る舞いには、太陽との深い結びつきを思わせる点が、数多く認められる。彼は太陽の勢いがもっとも盛んになる真昼時に、戦闘においてもまた骰子遊びなどその他のことに関しても最大の力を発揮し、この時刻に対戦すればどんな強敵にも必ず勝つことができた。ある難敵と戦ったおりにはとりわけ、彼は胸に「太陽のように眩しい光を放つ護符」をつけ、その上を衣服で被い隠して、例によって正午に約束した戦いの場所に赴いた。そして敵の面前でやにわにその護符を露呈し、その光輝で敵とその乗馬の目をくらませておいて、そのすきに難なくこの強敵を討ち取ることができたと物語られている。(4)

なかんずく彼は太陽の愛娘を妻にしており、地上に住む人間の英雄でありながら天の太陽と、義理の父子の関係で結ばれている。彼がこの絶世の美女を妻に娶ることができた経緯は、次の

ようであったと物語られている。(5)

ある日の夕方にソスランがナルトの村の広場にいると、そこにナルトたちのあいだで首長の地位を占めているウリュズメグが、肩を落としうつむいて落胆しきった様子をして、狩りから帰って来た。ソスランはそれで、「ウリュズメグよ、どうしてそんなに悲しそうにしているのか」と尋ねた。

ウリュズメグは答えた。「私はこれまでに方々を旅したが、こんな目に合ったのははじめてだ。狩りをしていると葦原に、十八本の見事な角を持った素晴らしい鹿が、太陽の光で照らされていた。それで近寄って行こうとしたところが、弓に矢を番えようとしたとたんに、私の矢がすべて四方八方に飛び散ってしまって、矢筒を見ると一本の矢も残っていなかった。それならと剣を取って向かって行くと、切りつけようとしたとたんに剣もとつぜん手から離れて飛んで行き、どこに行ったのか分からなくなってしまった。鹿が走り出したのであとを追って行くと、ずいぶん長く追跡したところで、鹿は不意に地下に姿を消してしまった。なんという美しい獲物だったことか、全身が眩しい黄金の毛で覆われていたのだから」。

この話を聞いて家に帰ったソスランは、その夜は不思議な鹿のことが気になって、寝床についてもまんじりともせずに、寝返りをくり返した。夜が明けると彼はすぐに外衣を肩に羽織り、弓と矢筒を持ち、剣を腰に帯びて、ウリュズメグが鹿を見たという葦原に行ってみた。朝日が昇ると日光が、寝そべって食べた草を悠然と反芻している鹿の姿を照らし出した。その鹿の毛からは目映い日光が、無数の黄金の糸のように反射されて、ソスランの目を射た。ソスランは、「私がこの鹿を捕えたら、ナルトたちのあいだでどんな名誉を得られるだろうか」と独り言をつぶやき、草の上を這って鹿に近づき、「神よどうか、この獲物が私から逃げることがありませんように」と祈りながら、弓に矢を番えた。だが射ようとするとたちまち、彼の持っていた矢がすべて方々に飛び散ってしまい、矢筒に一本の矢も残っていなかった。「こんなひどい恥をかかされては、がまんできない」と、ソスランは言って、剣を構えて鹿に駈け寄った。そうすると鹿は、黒い山の方に向かって全速力で走り出したので、ソスランは「逃すものか」と言って、あとを追い駈けた。鹿は黒い山に登って行き、山中にある洞穴の中に姿を消した。この鹿はじつは、父の太陽が七人の巨人たちに保護と教育を委ねている、太陽の愛娘にほかならなかった。

ソスランが鹿のあとを追って洞穴の中に入って行くと、そこには七人の巨人たちが住む七層の立派な城があり、その前に一軒のあずま屋があった。ソスランはそのあずま屋に入り、壁にかかっていた二絃の楽器のフェンデュルを取って、それで絶妙な音楽を奏でた。そうするとこの世にも素晴らしい演奏に誘われて、野生の獣や鳥たちが集まって来て聴き惚れ、城の壁も踊り出し、遠くの山々も反響を返して伴奏した。やがて二人の少年が城から出て来たので、ソスランは彼らに、「自分はナルトのソスランで、わたしにできるのは食事をすることと、戦うことだけだ」と言い、「今のわたしの望みは食事ではなく、戦うことだ」と言った。二人の少年からこの報告を受けると、七人の巨人たちがソスランを殺してやろうとして、自分たちが母の胎から持って生まれてきた鋭利な剣を、研ぎすまして持って出てきた。城の中庭には、彼らがその上で捕えてきた獲物の獣を殺す、大きな台があった。彼らはソスランに憎々しげに、「わたしたちの鹿が草を食うのをじゃまする、この犬めが」と言って、彼をそこに連れて行き、台の上に寝かせて切ろうとした。だが彼らが剣を当てていくら力いっぱい押しても、剣の刃が欠けるだけで、ソスランに傷を負わせることはできなかった。

それで彼らはソスランをそこに残し、自分たちの被後見人の太陽の娘のところへ行って、「自分はソスランだと名乗っている来訪者がいて、切り殺そうとしてもわれわれの剣の刃が立たないのですが」と言って、どうしたらいいか彼女に相談した。そうするとソスランという名を聞くと太陽の愛娘は、「もしその人が本当にソスランなら、彼こそ私の夫になる運命に定まっている人です」と言った。そして巨人たちが、「どうすれば彼が、本当にソスランだということが分かるでしょうか」と尋ねると、太陽の娘は、「ソスランには背中の両肩の中間に、黒い斑点があります。服を脱がせてみてその斑点があれば、まちがいなくソスランです」と答えた。

巨人たちがそれでソスランのもとへ戻って、服を脱がせてみると、両肩のちょうど中間のところに黒い斑点があったので、巨人たちはそのことを、太陽の娘に報告した。「それならその人は、私の夫になる運命に定まっている、ナルトのソスランに違いありません」と太陽の娘は言った。「彼のところへ行き、愛想よく話し合って、彼が私を妻にもらい受けるために、あなたたちに支払う代価をお決めなさい。彼は気前のよいナルトですから、どれほど莫大な代価を要求しても、大丈夫です」。

七人の巨人たちはそれで、またソスランのところへ帰ってきて、彼を「わたしらの婿」と呼んで、親しみをこめて彼の肩をたたき、「あなたの婚約者だ」と言って、目が覚めるように美しい太陽の愛娘の姿を、彼に見せた。それから彼らはソスランと、乙女のために支払われねばならぬ代価について話し合った。「これがわたしらの要求する代価だ」と、巨人たちは言った。「海辺に鉄でできた黒い城を建てて、その四方にアザの樹の葉を、一枚ずつ植え、それから三百頭の野生の獣を、支払ってもらいたい。鹿を百頭と、山に住む山羊を百頭と、他のあらゆる種類の獲物を百頭とを」。

これを聞いてソスランは、すっかり意気消沈してしまった。そして「どうやってそんな代価を支払えるだろうか」と独り言を言って立ち上がり、両肩をすくめうつむいてとすごすご家に帰った。そして彼のことを最愛の息子とみなしている、ウリュズメグの妹で妻でもあるサタナのところに行き、こう言って自分の身に起こったことを話した。「私は七人の巨人たちが後見役をしている、太陽の愛娘を妻にできます。だがそのためには、海辺に黒い鉄の城を建ててその四方に、アザの樹の葉を一枚ずつ植えた上に、鹿を百頭と、山に住む山羊を百頭と、その他のすべての種類の獲物を百頭と、三百頭の野獣を巨人たちに渡さねばなりません。どうすればそんな代価を、支払うことができるでしょうか。それでも私には、あの絶世の美女を妻にするのをあきらめることは、どうしてもできません」。

そうするとサタナは言った。「私の側に坐って、話をよくお聞きなさい。私が言う通りにすれば、その要求は満たすことができます。私のこの魔法の指環を持って海辺に行き、それでそこに大きな輪を描けば、その輪の上に大きな黒い鉄の城が自然に聳え立ちます。それから私がお前のために、野獣の支配者の精霊のエフサティから笛を借りてきてあげるから、城の上からその笛を吹き鳴らせば、言われた通りの野獣がたちまち、四方八方から集まってきます。ただアザの樹の葉は、この世にはどこにもないので、お前は死者の国へ行って、その支配者のバラステュルからもらって来なければなりません」。

この話を聞くとソスランは、「それでは私はさっそく、アザの樹の葉をもらいに行きます」と言って、すぐさま馬に飛び乗り、使者の国に向かってまっしぐらに疾走した。そして長い長い道のりを駈けた末に、その入口に着くと大声で門番に、「アミノン、戸を開けろ」と叫んだ。

アミノンが、「お前が死ねば、戸はひとりでに開くが、生きている者のために、この戸が開くことはない」と答えると、かまわずに戸を破って使者の国に突入し、それからさまざまな冒険をし、数々の不思議を目撃した末に、ついにバラステュルからアザの葉をもらい受けて帰途についた。そしてまたアミノンが「いったんこの中に入った者は、出ることはできない」と言って守っている、入口の戸を破って、上界に帰って来た。それからサタナのところへ行き、自分が使者の国でして来た冒険の話をした上で、彼女から魔法の指環をもらって、それで海辺に大きな黒い鉄の城を建て、その四方に使者の国から持ち帰ったアザの樹の葉を植えた。そうするとサタナがエフサティから、笛を借りて来てくれたので、城の上からそれを吹き鳴らした。するとたちまち、巨人たちが言った通りの三百頭の野獣が集まってきたので、巨人たちは自分たちが要求した通りの代価が支払われたと認めてソスランを、彼らが後見役をしていた太陽の愛娘と、結婚させたという。

（5）ソスランの誕生譚とオシホミミ

このような絆で彼と固く結ばれている太陽はとうぜん、ソスランが祈ればどんな願いでも叶えて、天から彼に力添えをしてくれることを惜しまない。あるとき彼は、逃げて行く強敵のあとを追って行って、砦の中に逃げ込もうとしたところで後から剣を浴びせて、この敵の頭蓋の半分を切り落とした。だが頑強な敵はそれでもまだ死なずに、砦に立て籠ってそこから彼にこう叫んだ。

「今からちょうど一週間後に、もう一度戦って、そのときに雌雄を決しよう。そのあいだに自分は、クルダレゴンに頭蓋を修繕してもらってくるから」。

クルダレゴンというのは天上に住む鍛冶師で、敵はそれから天に昇ってその仕事場に行き、この鍛冶師に頼んで、銅で半分の頭蓋骨を作ってもらい、それを残った自分の頭蓋の半分に釘で取り付けてもらって、また砦に帰って来た。

約束した決戦の日になるとソスランは、戦いに行く前に神に、「どうか太陽が激しく照り輝き、その猛烈な暑さで、あの敵の汚らわしい頭蓋が二つに割れ、銅が熔けてしまうようにしてください」と祈った。そしてそれからわざとゆっくりと、戦いの場所に向かって行ったが、そのあいだ敵がソスランが来るのを今か今かと待ちかまえていると、太陽の熱で土地が燃えてしまうのではないかと思われたほどあたりが暑くなり、銅でできた頭蓋の半分がすっかり熔けて脳漿が焼け、ソスランがそこに到着したときには、敵は死んでしまっていたという。(6)

カバルダ人などコーカサス北部に住む他の種族の伝承には、ソズリュコという名でも登場するこのソスランが、古い神話の太陽神が「ナルト叙事詩」の中で英雄に変化した存在であることには、デュメジルによってすでに一九三〇年の著書の中で主張されていた通りに、(7)疑問の余地がまったく無いと思われる。

ソスランは前節でも見たように、ナルトたちのあいだで首長の地位を占めているウリュズメグの妹でも妻でもあり、ナルト一族の主婦でもあるサタナに、最愛の息子として鍾愛されている。スキュタイ系民族に崇められていた大女神の性格を継承していることが明らかなこのサタナは、ソスランのことをきわめてしばしば、「わたしが産んだのではない、わたしの息子」と呼んでいる。それはソスランが次のような経緯によって出生し、サタナの腹を痛めずに彼女の愛児になったとされているからだ。(8)

ある日のこと、絶世の美女であるサタナが、裾の短い衣服を着て、河の岸で洗濯をしていた。そうするとその河の向こう岸にいた羊飼いの男が彼女の、雪のように白い股が剝き出されているのを見て激しく欲情し、そこにあった岩に身をもたせかけて自慰をし、精を漏らした。サタナはこれを見て、受精した岩の中に胎児が生じたことを覚って欣喜した。なぜならこのときまだ彼女には、子どもが無かったからである。

サタナはこの日から注意して日数を数え、胎児が分娩されるときになると、ナルトの若者たちを連れて、問題の岩のところに行った。そして岩の上に盛り上がってできていた瘤のような脹らみを、傷つけぬように用心しながら、少しずつ削らせた。作業が進行して、いよいよ中の胎児まで薄い岩の膜が残るだけになると、サタナは人々に礼を言って家に帰らせ、そのあとで自分の手で岩を破って、中の赤児を取り出した。そしてその子を家に抱いて帰ってソスランと名付け、自分の息子として育てた。

「ナルト叙事詩」の中で、見てきたように太陽神が変化した英雄であることが明らかと思える、ソスランについて語られているこの誕生譚にはデュメジルが指摘したように、ここで問題にしているインド・ヨーロッパ神話との明瞭な吻合が見られる。この話の中では、河岸にあった岩とサタナとが、前者が懐妊し分娩した子を、後者が引き取り鍾愛の限りを尽くして育てるという、デュメジルが「協働し相継ぐ母たち（mères collaborantes et successives）と呼んでいる[9]や り方で、代わりあってソスランの母の役をしている。サタナと岩とのあいだには、インド・ヨーロッパ神話の夜と曙と違って姉と妹の関係はない。だが一方は見栄えのしないただの岩石で、他方は絶世の美女である両者のあいだには明らかに、曙と夜のあいだにあるのとそっくりな、美と醜の際立った違いがある。この話で岩とサタナとソスランのあいだにあるとされている関係はこのように、インド・ヨーロッパ神話で語られていた、夜と曙と両者の子である太陽のあいだの複雑な親子関係とまさにそっくりなので、この「ナルト叙事詩」のソスランの誕生譚が、問題のインド・ヨーロッパ神話が変化した英雄伝説であることには、疑問の余地が無いと思われる。

ところで「ナルト叙事詩」に語られているこのサタナとソスランの関係には、大林太良も指摘しているように(10)、日本神話に見られるアマテラスとオシホミミの関係と、きわめてよく似たところがある。オシホミミは第一章の八節ですでに見たように、アマテラスから最愛の息子として取り扱われている。『古語拾遺』にはアマテラスが彼を、溺愛して育てた有様がすでに見た通りに、「是を以て、天照大神、吾勝《あかつ》尊を育《ひた》したまひて、特甚《おぎろ》に愛《いつくしみ》を鍾めたまふ。常に腋の下に懐《いだ》きたまふ。称《なづ》けて腋子《わきご》と曰ふ」と記されている。つまりアマテラスは、アカツともいうオシホミミが可愛くてたまらずに、いつも腋の下に抱いて自分の肌から離さずに、鍾愛の限りを尽くして育てたというのだ。

ところが第一章の六節で見たように、オシホミミはアマテラスが、自分の腹を痛めて産んだ児ではない。スサノヲが天に昇って来たときにアマテラスは見たように、乱暴な弟神が自分から高天の原を奪おうとして来たと思い、武装して彼を迎えて「何故《なにしかも》上り来まつる」と詰問した。そしてスサノヲが「自分はただアマテラスをひたすら慕わしく思って来たので、何の害意も持っていない」と答えると、「然らば汝の心の清く明《あか》きは何《いかに》して知らむ」とスサノヲに尋ね、スサノヲが「各誓《おのおのうけ》ひて子生まむ」と返答したので、両神は天上の天の安の河の両岸に向かい合い、互いの持ち物を交換して、それから子を産み出し合った。このときにアマテラスがまず、スサノヲから剣をもらい受け、それから三柱の女神たちを誕生させたのに続いて、スサノヲはアマテラスから、左右の角髪と頭と両腕につけていた曲玉の飾りをもらいそれから、オシホミミを長子とする五柱の男神たちを生まれさせた。そしてアマテラスが、「この後に生《あ》れし五柱の男子《をのこご》は、物実《ものざね》我が物によりて成れり。故、自ら吾が子ぞ。先に生《あ》れし三柱の女子《をみなご》は、物実汝が物によりて成れり。故、すなはち汝が子ぞ」と言って、生まれた子をスサノヲとのあいだに分けたので、オシホミミらの男神たちはアマテラスの息子神たちになったのだとされている。

つまりオシホミミはアマテラスが河岸にいたときに、向かい合った岸で曲玉から誕生して、アマテラスの腹を痛めずに、この大女神の愛児となったので、これはソスランが母のサタナがやはり河岸にいたときに、対岸にあった岩に受胎されて、サタナから「わたしが生んだのではない、わたしの息子」と呼ばれる、この大女神的な存在の愛児になったとされているのと、きわめてよく似ている。オシホミミは見てきたように、アマテラスの太子で、彼のあとにウガヤフキアヘズまで、相次いで誕生している「日の御子」たちの嚆矢と目せる存在だ。その誕生の母胎となった曲玉は明らかに、「ナルト叙事詩」で太陽神の性質を継承していると目せる英雄のソスランの誕生のために、生みの母の役をしたとされている岩と、吻合する働きを演じている。つまりオシホミミの誕生譚でも曲玉とアマテラスは、ソスランのために岩とサタナがしているのと同じ、デュメジルの言う「協働し相継ぐ母たち」の役を果たしているので、問題にしてきた嬰児の太陽のために交代して母の役をする者たちのことを語った、インド・ヨーロッパ神話の結構は、アマテラスの太子の出生のことを語っている日本神話の話の中にも、はっきりと認められる。そのことからこの日本神話の話は、「ナルト叙事詩」の基になったスキュタイ系民族の神話に媒介されて、ユーラシアの極東部にまで流布していた、インド・ヨーロッパ神話からの強い影響を受けていることが、明瞭だと思われる。

（6）山幸彦の出生譚とインド・ヨーロッパ神話

同じインド・ヨーロッパ神話の影響を受けている痕跡は卑見によれば、ウガヤフキアヘズの父の山幸彦ヒコホホデミが出生した経緯を物語っている話にも、はっきりと認められる。たしかに山幸彦については、生みの母と育ての母神がいたということは語られていない。だが満開の木の花のように絶世の美女だったとされている、ヒコホホデミの母神のコノハナノサクヤビメには、見たようにイハナガヒメという、ごつごつした岩石のようにひどい醜貌だったとされている姉神がいた。そして外見のこのような極端な違いにもかかわらずこの姉妹は本来はけっして、切り離して一方だけを娶ってはならず、一方と結婚しようとする者は、両者を共に妻にせねばとんでもない災いを招くことになるという固い絆で結ばれた存在だった。

　ホニニギがコノハナノサクヤビメを妻にもらいたいと申し入れると、姉妹の父神のオホヤマツミは、「大《いた》く歓喜《よろこ》びて」と言われているように大喜びをした。そして当然のようにイハナガヒメを妹に添えて、二人を共に妻にするように、天孫に奉った、そして天孫が、「故ここにその姉は甚凶醜《いとみにく》きによりて、見畏《かしこ》みて返し送りて」と言われているように、イハナガヒメのひどい醜さを一目見て怖気をふるって父のもとに返し、「ただその弟木花の佐久夜毘売を留めて、一宿婚《ひとよまぐはひ》したまひき」と言われているように、コノハナノサクヤビメだけと契りを結ぶと、「大《いた》く恥ぢて」と言われているようにそのことをひどい屈辱と見なして、イハナガヒメも妻にしていれば、岩が不動であるようにいつまでも続くはずだった天孫の寿命を、咲いてもすぐに散る花のようにはかなくしてしまった。それで二人共に妻に娶らねばならなかった姉妹の片方を斥けて、もう片方とだけ夫婦の関係を持ったホノニニギのこの重大な過ちの所為で、天孫の子孫の代々の天皇の寿命が、短くはかないものになってしまったのだとされている。

コノハナノサクヤビメはこのように、姉のイハナガヒメが夫になるはずだったホノニニギに、醜さを嫌われて放逐されたあとに、その天孫の妻にされて、ヒコホホデミらの母神になったと語られている。このようなコノハナノサクヤビメとイハナガヒメの関係は、『リグ・ヴェーダ』でもやはり絶世の美女とされる曙の女神ウシャスに、ラートリーという暗黒の夜の女神である姉がいて、ウシャスはこの姉が彼女に場所を譲って退去したあとではじめて、赤児の太陽のために母神の役を果たせるとされているのと吻合する。

『リグ・ヴェーダ』の第三巻の五五番の讃歌の一一節では、ウシャスの眩しさがラートリーの暗さとまさに対蹠的であることがすでに見たように、「双子の姉妹は、それぞれに異なる色を身に帯びた。一方の色は、光眩いばかりであり、他方は黒い。暗いものと紅色のものは、二姉妹である」と歌われている。一、一二二、二ではこの姉妹は、共通の夫の前に同時に姿を現わす二人の妻たちにたとえられた上で、「一方は、子を産めぬ女に相応しい粗末な衣を身に纏い、他方は太陽の壮麗さを持ち、黄金の飾りに包まれて美しい」と言われて、醜い石女のイハナガヒメと、眩しい美女のコノハナノサクヤビメの違いをまさに思わせるしかたで、一方の見窄らしさが他方の壮麗さと、正反対であることを歌われている。

しかもこのように妹のコノハナノサクヤビメとのあいだに、ウシャスとラートリーをまさに髣髴させる、美しさと醜さの際立った相違を持っていたとされている彼女の姉神は、見てきたようにイハナガヒメ（石長比売、磐長姫）と呼ばれて、岩石そのものの化身であったように取扱われている。このことは本章の四節で見た「ナルト叙事詩」のソスランの誕生譚で、太陽神に近似しているこの英雄が、岩そのものの中に受胎されて、岩から出生したと物語られている事実を、われわれに想起させる。

このソスランの出生の話からすでに見たように、デュメジルによって指摘されている通りに、「ナルト叙事詩」の基になったスキュタイ系民族の神話の中では、インド・ヨーロッパ神話でもとは夜の女神が果たしていた、赤児の太陽の生母の役が、その夜に代わって岩石が太陽を懐妊して産むという形に、変化していたことが推定できる。日本神話で山幸彦＝ヒコホホデミの母である、ウシャスを思わせる絶世の美女のコノハナノサクヤビメに、岩石に擬せられている醜女の姉神がいて、元来はコノハナノサクヤビメと共にホノニニギの妻とされ、妹といっしょにヒコホホデミの母の役をせねばならぬ存在だったとされていることからわれわれは、この日本神話の話にもやはり、スキュタイ系民族の神話からの影響が強く及んでいることを確認できる。そのスキュタイ神話では見てきたように、インド・ヨーロッパ神話でその役をするとされていた夜の女神に代わって、岩石が赤児の太陽を産む役を務めるとされていた。それで赤児の太陽の生母が岩石だったと見なす、そのスキュタイ神話の観念が日本の神話では、美女の妹と共に「日の御子」の母になるはずだった醜女の姉が、イハナガヒメ（石長比売、磐長姫）という名の岩石の擬人化された存在だったという、変形された形で受け継がれているのだと思われる。

アマテラスの太子のオシホミミから神武天皇の父のウガヤフキアヘズまで、四代の皇祖神たちの出生を物語っている神話には見てきたように、夜と曙と嬰児の太陽の関係を物語ったインド・ヨーロッパ神話の影響を受けている痕跡が、はっきりと見られる。そしてそのうちのオシホミミと山幸彦＝ヒコホホデミの誕生譚からは、これらの話に影響を及ぼしたのが、問題のインド・ヨーロッパ神話がスキュタイ神話の中で取っていた、特殊に変化した形であったことが、明瞭に窺える。

本書の付論でも述べているように、故大林太良[11]と共に著者は日本の神話に、デュメジルの比較研究によって復原されているインド・ヨーロッパ神話の構造と、偶然の所為とは見なせぬほど顕著に、一致している点が多くあることに注目してきた[12]。これらのインド・ヨーロッパ神話との類似を著者は、日本の神話が皇室の神話として形成されつつあったちょうどその時期に、スキュタイ神話からの強い影響を受けた結果として説明してきた[13]。この時期にはわが国は周知のように、韓半島ときわめて密接な交渉を持ち、多くの渡来者たちによってもたらされるさまざまな文物を、先進文化として熱心に受け入れる関係にあった。当時の韓半島は南端部まで、スキュタイ文化の強い影響を受けていたことが、新羅の王墓からの出土品[14]などによって、はっきりと証明されている。それでその韓半島からスキュタイ神話の影響がわが国にもたらされて、そのときでき上がりつつあった神話の随処に大幅に取り入れられたことは、十分に想定できるからだ。

本章でされてきた、皇祖神たちの出生譚の考察からも、われわれのこのような見通しが大筋で正鵠を射ていることが、確かめられるのではないかと思われる。

付論　オホクニヌシの神とインド・ヨーロッパ神話の三機能体系

日本神話の中でオホクニヌシが達成したことを物語られている肝心な働きは、言うまでもなく「国作り」だが、彼の支配する土地を、作物の豊かに実る「国」に作り上げることだったこの事業に取りかかる前に、第二章で見たようにその段階ではまだオホアナムヂという名で呼ばれていたこの神は、地下の根の堅州国に住んでいる、偉大な祖先の神スサノヲのもとを訪問した。そしてそこでまず、スサノヲといっしょに暮らしていた、この神の娘のスセリビメと結婚した。それからそのあと、スサノヲから課された厳しい試練を、この女神に助けられながら果たした。そして最後にはスセリビメを背負い、スサノヲの持ち物だった生大刀と生弓矢という大刀と弓矢と、天の詔琴という琴を持ってこの神のもとから逃げ出して、地上に帰って来たと物語られている。

そのあとに彼はこれも見たように、『古事記』によれば「出雲の三大《みほ》の御前（島根半島の東端の美保碕）」で、『日本書紀』神代第八段の一書第六によれば「五十《い》狭《さ》狭《さ》の小汀（島根県大社町稲佐の海岸）」で会ったスクナビコナと、『古事記』によればスクナビコナが親神のカムムスヒから受けた命令に従って兄弟になり、「大穴牟遅と少名毗古名と二柱の神相並びて、この国作り堅めたまひき」と言われているように、提携していっしょに「国作り」をした。『日本書紀』には、その「国作り」のために両神が一心同体の協力をしたことが、「夫の大己貴命と、少彦名命と、力を戮せ心を一にして、天下を経営《つく》る」と言われている。

そうするとその前に彼が、スサノヲのもとで手に入れて、根の堅州国から持ち帰っていた大刀と弓矢と琴は一見するとオホクニヌシにとって、「国作り」をし、その上で豊かに作り上げた国を支配するためにぜひとも必要な用具で、中つ国の支配者の大国主になるこの神の主権の印として、皇室の三種の神器とも比較できる意味を持っていた品だったようにも思われる。西郷信綱はそのことを、「この大刀、弓矢、琴は宮廷の三種の神器に相当するしるしのもので、地方の首長たちはそれぞれ首長たる正当性の証しとなるこうした宝器（regalia）を持ち伝えていたと推察される」と述べている。(1)

たしかにこれらの品はそれぞれが、オホクニヌシが「国作り」を始めるために、肝心だった役をこの神のために果たした。まず琴は、それを持ってオホクニヌシが逃げて行く途中で、樹に当たって地面が揺れるほどの大音響を出して鳴りわたった。それでそれまで眠っていたスサノヲが、その音に驚き飛び起きて、大急ぎでオホクニヌシのあとを、地下と地上の境界となっているヨモツヒラ坂まで追い駈けて来た。だがスサノヲがこの坂に着いたときには、オホクニヌシはすでにそこを通り越してずっと遠くまで逃げてしまっていた。それでスサノヲは第二章の第二節ですでに見たようにそこから、地上を逃げて行くオホクニヌシに大声でこう叫んだ。

其の汝が持てる生大刀生弓矢をもちて汝が庶兄弟《ままはらから》をば、坂の御尾に追ひ伏せ、また河の瀬に追ひ撥ひて、おれ大国主の神となり、また宇都志国玉の神となりて、その我が女須世理毗売を適妻《むかひめ》として、宇迦の山の山本に、底津岩根に宮柱太しり、高天の原に氷椽《ひぎ》高しりて居れ、この奴。

それで地上に帰ったオホクニヌシは、すぐにスサノヲに言われた通り自分の異母兄たちを、生大刀と生弓矢を使い攻撃して、彼が支配することになる「国」の範囲の外に追い払った。そのことは、「かれその大刀、弓を持ちて、その八十神《やそがみ》を追ひ避くる時に、坂の御尾ごと追ひ伏せ、河の瀬ごとに追ひ撥ひて、国作り始めたまひき」と言われている。

八十神と呼ばれる異母兄たちは第二章の第一節ですでに見たように、オホクニヌシが根の堅州国を訪問する前には、彼らに抵抗する力を持っていなかったこの神をほしいままに取り扱って、二度にわたって惨殺していた。そしてオホクニヌシの母神が、そのたびに泣きながら懸命に尽力して息子を生き返らせても、なお執念深く、何がなんでも彼を殺そうとすることを止めなかった。それでこの異母兄の飽くなき迫害から逃れるために、彼は「須佐能男命の坐します根の堅州国にまゐ向きてば、かならずその大神議りたまひなむ」と言い聞かせられて、根の堅州国のスサノヲのもとに逃げて行ったのだとされている。

つまり自分が本来持っている能力を発揮して、地上で存分の働きをするためにはオホクニヌシは、彼がそうすることを妨げていた異母兄たちを討伐して、彼らの自分に対する、やりたい放題の暴逆を根絶やしにする必要があった。だがそのことのための手段を、根の堅州国に赴く前には、オホクニヌシは持っていなかった。それで自分に欠けていたその手段を手に入れようとして、彼は地下界に行ったことになっているわけだ。

根の堅州国で彼が入手した大刀と弓矢と琴は、オホクニヌシのためにまさしく、自分に不足しているので彼が得ようとしていた手段としての働きをした。西郷信綱がいうように、「神の託宣を乞うときに用いられた[2]」楽器だった琴は、その機能に忠実に眠っていたスサノヲを呼び醒まして、根の堅州国の主だったこの神を、その他界と地上世界との境界だった坂のところまで呼び寄せた。そしてこの神の口からオホクニヌシのために、彼が根の堅州国から持ち帰る大刀と弓矢を使って異母兄たちを国の外に追い払い、大国主神とも宇都志国玉神とも呼ばれる国の支配者の神になって、連れ帰るスセリビメを正妻の座に据え、立派な御殿を建立してそこに住むようにという、必ずその通りに実現する予言だったことが明らかな、あらたかな託宣を引き出した。それで地上に帰るとオホクニヌシは、すぐにこの受けてきた託宣の通りに、大刀と弓矢を駆使して、八十神たちをたちまち国の外に放逐した。そして妨害する者のいなくなった地上で、「国作り」を始めたとされるわけだ。

このように根の堅州国で彼が得た大刀と弓矢と琴はオホクニヌシのために、彼が「国作り」を始めることを可能にするために、それぞれが真に貴重だった貢献をした。つまりこれらの品の効験によって彼は、「国作り」の障害になっていたが本来の自分には、それに対処する力が欠けていた異母兄たちの彼に対する飽くなき迫害を、取り除くことができたとされているからだ。だが奇妙なことにこのようにして、オホクニヌシが「国作り」に取りかかれるようになるために、それぞれがあたらかな効験を発揮したこれらの品が、そのあとにこの神が彼にとってもっとも肝心な事業だった「国作り」を推進し、それによって豊かに仕上げられた国を支配者として統治するため、何かの役目を果たしたということは、『古事記』にも『日本書紀』にも、まったく語られていないのだ。

このことは琴については、あるところまで説明ができるとも思われる。たしかに「国作り」を遂行し、でき上がった国を統治するあいだにオホクニヌシが重大な局面で、根の堅州国から持ち帰ったこの天の詔琴を奏でて神を呼び寄せ、託宣を受けたということは語られていない。だがこの琴の音響によって目覚めさせられたスサノヲから彼が受けた託宣はオホクニヌシに、生大刀と生弓矢を使って八十神たちを掃討し尽くすことを命じただけではなかった。スサノヲがこのときに彼にした呼びかけには、彼がそのあと「国作り」を仕上げて大国主また宇都志国玉神という偉大な神となり、スセリビメを正妃として出雲に立派な宮殿を建立して、そこから国を主として支配するまで、オホクニヌシがこれから地上ですることのすべてが、的確に予言されていた。それでこの予言をスサノヲに叫ばせたことで、琴はこの一回の事件によって、託宣を受けるための「詔琴」としてオホクニヌシのために必要だった働きを、十全に果たしたとも考えられるからだ。

だが彼が八十神たちの暴逆を取り除くために、『古事記』に見たように、「故、その大刀・弓を持ちて、その八十神を追ひ避くる時に、坂の御尾毎に追ひ伏せ　川の瀬毎に追ひ撥ひて」と言われているような強力な武器の役をしたとされている生大刀と生弓矢について、彼がその後にした「国作り」のあいだに、オホクニヌシによって用いられたことが語られていないのは、一見すると不可解のように思われる。

『日本書紀』には「国作り」の途中でスクナビコナが「常世郷」に去ったあと、国の中の未だ未完成だったところを、一人で巡って作った後に、出雲に帰ったオホクニヌシが、「国作り」を完成させたのが自分が独力でしたことであると思いこんで、こう揚言したことが語られている。

夫れ葦原中国は、本より荒芒《あら》びたり。磐石草木《いはくさき》に至及《いた》るまでに、咸《ことごとく》に能く強暴《あしか》る。然れども吾已《すで》に摧《くだ》き伏せて、和順《まつろ》はずといふこと莫《な》し。

だがここでも「強暴」だったという、その磐石や草木の反抗を摧き伏せるために、オホクニヌシが大刀や弓矢を使ったということは言われていない。

第二章の第五節ですでに見たように『日本書紀』には、「国作り」のためにオホクニヌシがもっぱら使用した肝心な用具が、大刀や弓矢ではなく、「広矛」と呼ばれている矛だったことが語られている。神代第九段の本文によれば、「国譲り」を承知したときにオホクニヌシは、そのために天から彼のもとに送られて来た、二柱の使者の神（フツヌシとタケミカヅチ）に、「国平《む》けし時に杖《つ》けりし広矛」を奉った。そして「吾此の矛を以て、卒に功治《こと》せることあり」と言ったということが記されている。つまり「国作り」という「功」を成し遂げるために、オホクニヌシが使ったのは「広矛」だったが、その矛を彼は、「国作り」のあいだ、障害となる敵と戦うための武器としてではなく、杖として使った。そして彼がそのために経回った土地を、杖を衝くようにして矛で突いてまわって、平定することができたというのだ。

このときにオホクニヌシはまた、さらに言葉を続けてフツヌシとタケミカヅチに、「天孫、若し此の矛を持って国を治《し》らば、必ず平安《さき》くましましなむ」と、言明したと記されている。つまりオホクニヌシはこの「広矛」を見たような仕方で使って「国作り」を成し遂げた後に、そのやり方で作り上げた国を、平和に統治して繁栄させるための肝心な用具としても、同じ「広矛」を使用し続けていた。それだから「国譲り」をするに当たっては彼は、爾後は自分に代わって国を統治することになる天孫に、その「広矛」を託そうとした。そして彼がしてきた通りにそれを使うことで、国の平安を保ち続けるように勧めたことになっているのだと思われる。

オホクニヌシと矛との関係はまた、第二章の第四節と第五節で見たように、彼を八千矛神と詠んだこの神の渾名からもはっきりと窺える。この渾名で彼を呼びながらその活動を物語っている記事は、ただ『古事記』にだけ見出せる。その中では彼がまずヌナカハヒメという女神と、次に妻のスセリビメと長い歌を詠み交わしたことが、連続した二篇の歌物語の形で語られている。最初の歌物語によれば八千矛神であるオホクニヌシはまず、ヌナカハヒメと結婚しようとして、この女神が住んでいる遠い高志（越）の国まで、はるばる旅をして行った。そして彼女の家の戸口に立ち、閉まっている戸を押したり引いたりしながら、自分を「八千矛の神」と呼び、長い歌を詠んで熱心に求愛した。

そうするとヌナカハヒメはそれに応えて、自分も「八千矛の神の命」と言って彼に呼びかけて、長い歌を詠み返した。そして翌晩には自分の美しい肢体を、彼の存分な愛撫に委ねることを約束し、「かれその夜は合はさずて、明日の夜御合したまひき」と言われているように、その約束をその通りに果たしたと物語られている。

そのあとに続いている記述によれば、オホクニヌシはそれからいったんまた本拠地の出雲に帰った。そしてそこからまた大和に出かけて行くための旅の準備を整えた上で、片手を乗馬の鞍に掛け、片足を鐙に踏み入れて、激しい嫉妬で彼を苦しめているスセリビメに向かって長い歌を詠んだ。そうするとスセリビメは大きな杯で酒を勧めながら、彼のことを「八千矛の　神の命や　吾が大国主」と呼んで、長い歌を詠み返した。そしてその冒頭でまず、「汝こそは　男にいませば　うち廻《み》る　島の埼々　かき廻《み》る　磯の埼おらず　若草の　嬬持たらせめ」と言って、夫の神が旅をして廻る先の至るところの片隅でまで、土地の女神たちを妻にしていることに対して、恨みを述べた。それから「吾はもよ　女にしあれば　汝を除《き》て　男は無し　汝を除て　夫は無し」と言って、その夫の神と違って女である自分は、彼への貞操を守り続けていることを訴えた。そしてその自分とどうか存分な交合に耽ってくれるように、また自分が差し出している杯の酒を飲んでくれるように、彼に切々と訴えた。そうするとオホクニヌシは、この求めをすぐに聞き入れ、この歌のあとに妃と杯を交わしてあらためて誓い、たがいに首筋に手を掛け抱擁して、今に至るまで永続している夫婦の契りをしっかりと固め合ったとされ、そのことが、「かく歌ひて　すなはち盞《うきゆ》ひして　項懸《すながけ》りて　今に至るまで鎮ります」と言われている。

ヌナカハヒメに向かって詠んだ歌の中で、八千矛神であるオホクニヌシは、この女神のいる国を「遠々し　高志の国」と呼んだとされている。この呼び方で彼はそこが、自分が支配を確立しようとしている国の果てに位置していることを、はっきりと強調したのだと思われる。つまり「新編日本古典文学全集」（小学館）の『古事記』の頭注でそのことが、「辺境の女性との結婚譚によって、この神が『大八島国』の隅々まで支配力を手に入れたことを語るのである」と、的確に言われているまさにその通りに、このヌナカハヒメとの結婚は、八千矛神であるオホクニヌシが、スセリビメの歌に言われているように、行く先々の津々浦々まで、土地の女神を「若草の妻」にすることで、国中に支配権を及ぼす過程が、それによって完成したことを意味する出来事だった。だからこの辺境の女神との結婚を果たし終えた後には彼は、スセリビメの訴えを聞いて、八千矛神として各地の女神を妻にして廻る旅を続けることを止めた。そして「国作り」に取りかかるより前に、スサノヲから受けていた託宣の中で、「その我が女須世理毗売を適妻となして」と言われていたその通りに、この正妃の女神との夫婦の契りを、今に至るまで永続する不動の結び付きに固めたとされているのだと思われる。

『古事記』ではこの八千矛神としてのオホクニヌシの活動を語っている、二篇の連続した歌物語のあとに、この神の子孫の系譜についての記述をあいだに挟んで、オホクニヌシが「御大の御前」でスクナビコナと会い、それからこの小人の神と兄弟になり、提携して「国作り」をしたことが物語られている。つまりこれらの記述を『古事記』に出てくる順序の通りに読めば、根の堅州国から帰って来て異母兄たちを掃討したあとにオホクニヌシは、八千矛神として高志の国まで旅して行って、そこでヌナカハヒメと結婚した。そしてそのあとで出雲に帰り、そこからまた各地の女神を妻にして回る旅に出ることは止めて、正妻のスセリビメとの契りを、「今に至るまで鎮まります」と言われている、不動な夫婦関係として確立した。その上で今度は、スクナビコナといっしょに「国作り」をすることを始めて、そのためにまた国中の諸所を旅して回ったということになるが、これは明らかにまったく不自然だと思われる。

オホクニヌシが八千矛神として、各地でその土地の女神を妻にしながら、国中を辺境まで旅をして回ったという話と、彼がスクナビコナといっしょに諸所を経回って「国作り」をしたという話は、別々のことを一方のあとに続いて他方のことが起こった出来事として述べたものではない。第二章の第七節ですでに見たように、両方の話はじつは同じ出来事を、それぞれが別の観点から物語っていると見るのが、より自然な解釈だと思われる。

前掲した『日本書紀』本文の記事によれば、「国作り」のためにオホクニヌシがもっぱら使用した、彼にとって肝心だった用具は「広矛」と呼ばれている矛で、その「広矛」で彼は杖を衝くように、「国作り」をした各所の土地を突いてまわった。他方で行く先々でその土地の女神を妻にしながら、その「国作り」とじつは区別のない旅をしてまわったこの神は、八千矛神と呼ばれている。そのことから一方で彼が「国作り」のために使った「広矛」と、他方でその「国作り」にじつはほかならなかった妻問いをしながら国中をまわった、この神を呼んだ渾名の中で「八千矛」と呼ばれている矛とのあいだには、もともと本質的な区別が無かったことが推定できる。「広矛」とも「八千矛」とも呼ばれている矛は明らかに、勢力が絶倫だったこの豊穣神の男根を象徴する意味を持っていた。一方の「広矛」はその男根が雄大であることを強調した呼称で、他方で八千矛神という渾名は、この神が「八千本」つまり無数の男性器を持っているのではないかと思われるほど、生殖力が無尽であることを嘆称する意味を持った、この神の呼び名だったと思われるわけだ。

　つまりオホクニヌシが、彼の雄大な男性器の象徴だった「広矛」で土地を突いてまわりながらした「国作り」は、見方を変えれば八千矛神である彼が、無数に有るのではないかと思えるほど、活力がけっして涸渇することのない陽根を駆使して、各所で土地の女神を妻にしてまわった、妻問いの旅でもあった。諸所で彼の妻になった女神たちは、それぞれの場所の土地そのものの神格化された存在だった。だから各所で女神を妻にして妊娠させることで、彼はその土地を肥沃にし、豊かな産物を生み出す国に作り上げた。彼が「広矛」でも「八千矛」でもある陽根によって、女神である土地に施してまわった「精（スペルマ）」は、同時に彼がした「国作り」に当たってその協力が不可欠だったとされている、スクナビコナがその化身だった

「種（スペルマ）」でもあった。だからスクナビコナといっしょに国中に穀物の栽培を広め、八千矛神として土地の女神と交合してまわることで彼は、自身の「精」でもあり、スクナビコナが表わしていた「種」でもあったスペルマによって、国土を豊かな国に作り上げることができたとされているのだと思われる。

彼がわざわざ地下の根の堅州国まで出かけて行って、そこで苦労して入手せねばならなかったとされている、大刀と弓矢と琴とは違って、「国作り」の要具だった矛については、それがどのようにしてオホクニヌシのものになったかは説明されていない。それはその矛によって象徴されている力が、生殖力と性的魅力の権化であるこの豊穣神に、本来的に具備されていて、彼が他処からそれを得てくる必要が無かったからだと思われる。八千矛神の特徴である、出会う女神をすべて籠絡し妻にしてしまう不可抗の性的な力を彼は、根の堅州国で彼を強力な神に成長させるための入社式の意味があったことが明らかだと思われる、スサノヲの苛酷な試練を受けるよりも前から、すでに持っていた。地上で異母兄たちにほしいままに虐待されていた段階でも彼は、性的な蠱惑力では他の追随をまったく許さなかった。八十神たちの求婚を受けたヤカミヒメは言下に、「吾は汝たちの言を聞かじ、大穴牟遅神に嫁《あ》はむ」と言って、彼らの中しこみをにべもなく断わり、荷物の入った大きな袋を背負わされ、彼らに従者として連れてこられたオホクニヌシを、自分から夫に選んだ。そしてそのあと根の堅州国に行っても、スセリビメは、「出で見て、目合《まぐはひ》して相婚《あ》ひまして」と言われているように、彼を出迎えて一目見るとすぐさま、その場で自分から進んでオホクニヌシの妻になったと物語られている。

一九六一年から一九六三年にかけて、Revue de l'Histoire des Religions（『宗教史学雑誌』）に掲載された拙論(3)でその分析を試みたように、日本神話には明らかに、G・デュメジル（G. Dumézil）が「三機能体系」と呼んだ、もとはインド・ヨーロッパ語族に固有のものだった世界観が反映しており、オホクニヌシはその日本神話で、デュメジルが「第三機能」と呼んだ分野を代表する、主神格の位置を占めている。性愛と豊穣はその第三機能を構成するもっとも肝心の要素なので、第三機能神には性愛と豊穣の神の資質が本来的に備わっており、オホクニヌシはそれを他所から得てくる必要はなかった。だが神託を受けるための楽器だった琴が表わしていた宗教と、強力な武器だった大刀と弓矢が表わしていた戦闘はそれぞれ、デュメジルの言う「第一機能」と「第二機能」の要件を構成しているので、それらの三機能体系の上位の二機能を行使する能力は、第三機能神のオホクニヌシに本来は不足していた。

だから「国作り」を始めるに当たって、その邪魔となる異母兄たちの暴力を取り除くために必要だったが、彼自身には欠けていた、上位二機能の力を行使できるために、そのことを可能にする要具を、彼は根の堅州国まで行ってスサノヲのもとで得てこなければならなかった。だがそれらの要具によって上位二機能の力が発揮され、そのことで邪魔が取り除かれたのちに、第三機能神の本分だった「国作り」を果たすために必要だった力は、オホクニヌシにもともと備わっていた。それだから土地の女神たちとの性行為の連続でもあった「国作り」を彼は、もともと自身の持ち物だった性愛と豊穣の力の象徴であった矛を、「広矛」また「八千矛」として存分に駆使しながら、遂行することができたとされているのだと思われる。

デュメジルによれば医療も、豊穣や愛欲と共に、三機能体系の第三機能を構成する要件の一つで、インド・ヨーロッパ語族の神話で豊穣と愛欲を掌る神は、インドのアシュヴィンがそうであるように、同時に医術の神でもあることが一般的である。その医術に関してもオホクニヌシは言うまでもなく、絶大と言うほかないと思われる才力を、当初から持っていたとされている。『古事記』の神話に登場してこの神がまっ先にしたことは、鰐に皮を剝ぎ取られた上に、八十神たちのでたらめな教えに従って、海水を浴びて体を風に晒したために、惨憺たる状態になっていた兎に、全身の傷を完治させる方法を教えて、肌を奇蹟的にもと通りにしてやったことだったと物語られているからだ。

このようにデュメジルによって定義されている通りの第三機能神の特質を、すべて本来的に具備していた上に、第一機能と第二機能の分野では生来の能力に不足があったために、その欠陥をそれぞれの機能を果たすための要具を他処で得て、補わなければならなかったとされていることで、オホクニヌシはまさしく、三機能体系の第三機能を典型的に代表する神と言えるのではないかと思われる。そしてこのオホクニヌシが、それぞれがデュメジルの言う第一機能と第二機能の代表者と見なせる、アマテラスおよびスサノヲと、その中でたがいに三つ巴の形で対立しながら三柱の主神の役を果たしていることで、日本神話は全体が明らかに、インド・ヨーロッパ神話の三機能体系に則った構造を具現している。

あとがき

日本の神話には神々のあいだに激しい軋轢があっても、それが解決される過程で、争い合っている両者のうちの一方の存在とか価値が否定されることがないという、著しい特徴がある。もっとも歴然としているのはスサノヲの場合で、この怪力の神は生まれたのちまず父のイザナキの命令に反抗して、『古事記』に「万の物の妖《わざはひ》、悉く発《おこ》りき」と言われているような、大混乱を世界に引き起こしたのちに、天に昇って行ってアマテラスに対してひどい乱暴を働き、しまいにたまりかねた太陽女神が岩屋に閉じこもって、世界に暗闇の「常夜」が続くという大災害を発生させた。それで天神たちが祭りをしてアマテラスを岩屋から招き出し、天地がまた日光に照らされて明るくなると、天上にも地上にもいる資格の無い悪神と宣告されて、地底の根の国に行けと言われて放逐された。

ところがこのあとでスサノヲは、はじめて偉大な神としての真価を発揮した。まず根の国に行く前に、地上を荒らしていた恐ろしい怪物のヤマタノヲロチを退治するという功業を達成した。そしてそのあと根の国にいる彼のもとにオホクニヌシが来訪し、彼がそこでいっしょに暮らしていた娘のスセリビメを妻にして地上に連れて行きそうになると、この子孫の神に激しい憎悪を燃やし、いったんは殺そうとまでした。だがけっきょくは『古事記』に「心に愛《うつく》しと思ひて」と言われているような、真摯な愛情をオホクニヌシに覚えて、あらたかな託宣を述べてスセリビメとの結婚を祝福した上に、彼がこのあと地上でする「国作り」の事業のために、後楯の役を果たすことになったとされている。

このようにスサノヲは高天の原でアマテラスとの衝突から、天の岩屋の事件を起こしたあとに、根の国でもオホクニヌシとのあいだに激しい葛藤を持った。だがこの葛藤でも彼はけっきょく、オホクニヌシを抹殺することも自身の価値を喪失することもせずに、両神はどちらもたがいの枢要さを認め合って、共に偉大な神であり続けることになったとされているわけだ。しかもこのあとオホクニヌシは、スサノヲに託宣された通りに、「国作り」を為し遂げた後に、その国を天孫に「国譲り」せよというアマテラスの求めにすぐには従わずに、長いあいだ頑強に抵抗をした。そしてけっきょく天から最後の使者として送られて来た、剣神の威力には抵抗ができずに、国譲りを承知したが、それによって国つ神の統領の偉大な神としての価値は失わずに、天から至れり尽くせりの厚遇を受けて、『古事記』に「高天原に氷木たかしりて」と言われているように、屋根の飾りの木が天まで高々とそびえるほど壮大な、出雲大社に祭られ続けることになったとされているわけだ。つまりこのアマテラスとの軋轢でもオホクニヌシは、最後には帰順したが、そのあとも偉大な神であり続けたことになっているのだ。

このような特徴は天孫の降臨によって、舞台が九州の日向に移ったあとの神話にもはっきりと見られる。日向神話の中心は言うまでもなく、山幸彦と海幸彦の争いの話だが、この葛藤でも勝った山幸彦は、負けた兄の海幸彦をけっして滅ぼしてはいない。降伏した兄を許し、その結果海幸彦とその子孫の九州の南部にいた隼人の人々は、山幸彦の子孫の歴代の天皇たちのために、大和まで来て重要な役目を担当することになったとされている。

このように神々のあいだに対立があっても、一方が抹殺されたり価値を失うことのない神話を持つことでわが国には、立場の違う者を悪として排斥し撲滅するよりも、異なる価値を認めあって共存しようとする文化が成り立ち、それによって人間と自然の共生も可能にされてきた。本書の第一章から第四章では、この観点から日本神話を見直し、世界の神話の中でユニークだと思われるこの特徴を、あらためて浮き彫りにすることに努めた。

このような日本神話の研究に著者が手を染めるきっかけになったのは、恩師であるフランスの大神話学者デュメジルの巨大な業績に触れ、それによってインド・ヨーロッパ神話と日本神話のあいだにいろいろな点で、偶然の所為とは思えぬ類似があることに気付いたことだった。それで第五章と付論では、著者の研究のその原点に立ち帰って日本神話をデュメジルの手法に倣って比較神話学的に分析し、この大学者の研究が日本神話の解明のために、今も持ち続けていると思われる意味の一端を、あらためて明らかにしようと試みてみた。
日本神話が世界の神話の中で持つと思われる、比類の無い価値がいっそうよく理解されると共に、他の神話との比較によるその構造と意味の解明の必要があらためて認識されることのために、本書が読者のお役に立てることを願っている。

吉田敦彦

二〇一三年八月二七日

注

第二章

（1）古川のり子「日本の神話伝説の意味を考える」、吉田敦彦・古川のり子『日本の神話伝説』、青土社、一九九六年、一四六頁。
（2）大野晋『語学と文学の間』、岩波現代文庫、二〇〇六年、五〇頁。
（3）同右、五一頁。

第三章

（1）西郷信綱『古事記注釈』、第二巻、平凡社、一九七六年、二五四頁。

第四章

（1）拙著『ヤマトタケルと大国主』、みすず書房、一九七九年、一四五～一六三頁。Atsuhiko Yoshida, "Vieux de la Mer en Grèce et au Japon," *Iris*, 21, 2001, p.59-65.
（2）松村武雄『日本神話の研究』、第三巻、培風館、一九五五年、七二七～七二九頁。
（3）注（1）

（4） "La mer vue de la terre." (P.Chantraine, *Dictionnaire étymologique de la langue grecque*, Editions Klincksieck (Paris), 1968, tome I, p.65).

（5） M. Detienne, *Les maîtres de vérité dans la Grèce archaïque*, Editions Maspero (Paris), 1967, p.39-40.

（6） 松村武雄はここに紹介された論をさらに進めて、この問題の川雁の話がもともとは、山幸彦が川雁に変身した塩土老翁を罠で捕えて、本体に戻るのを待って助言を聞き出したという形を持っていたのではないかとも推論している。それは彼が言うように、「一体水の霊物――殊に海の霊物は、自由自在に変型する能力を有し、而して或る者が『物知り』としての海の霊物かの口から、知りたいと思うことを聞き出すには、何等かの方法によってこれを捕え、該霊物がその変化形から本態に還ることを待たなくてはならぬという観念・信仰が存している」からで、たしかに彼が例にあげている『オデュッセイア』の第四歌の中の話でも、メネラオスはすでに見たようにプロテウスを捕え、さまざまなものに変身してもひるまず離さずにいると、しまいに「海の翁」は変身に倦み、元の姿に戻ってメネラオスに、航海を続け故国のスパルタに帰るための手立てを、教えてくれたことになっている。それでこの『日本書紀』一書第三でも、もともとの形では、「川雁として罠にかかった或るものも、偶然にかかったのではなく、つまりはその本形を現してよい智慧を吐き出せられるべく捕えられたものであり、従って捕えられた或る者も遂に観念して『しほつち』の本態を現じ、かくして彦火火出見尊に海宮行きの方法を教えてくれたのではあるまいか」と、松村は推測したわけだ。

だがこの松村の推論では、すでに見てきたように天孫のホノニニギからカムヤマトイハレビコまで、日向にいた皇室の祖神たちと始祖に対して、自分から進んで助けを与え続けてきたとされている、皇祖神たちに一貫して好意的だった塩土老翁の性向が無視されている。山幸彦を助けるに当たっても塩土老翁は、捕えられて強要されたために、やむをえずにしたのだとは考えられない。川雁はやはり、山幸彦が自分の助けを受けるのに相応しい、正当な皇祖神になるべき存在であることを確かめようとして、塩土老翁が変身した姿だったと見るのが、正しい解釈だと思われる。

山幸彦が罠で川雁の姿の塩土老翁を捕え、助言を強要したというのが話の古い形だったとする解釈については松村自身も、彼が自身の提案するその見方に拘泥せぬことを、こう述べている。「しかし該神話に関して、こうした解釈を下すことは、或いは余りにfar-fetchedな試みであり、牽強に陥っているかも知れぬ。自分は決して這般の解釈を固執するものではない。ただ一つの試案としてここに提出しておくだけである。」

第五章

（1） G. Dumézil, *Déesse latines et mythes védiques*, Latomus (Bruxelles), 1956, p.9-43; *La religion romaine archaïque*, Payot (Paris), 1966, p.60-71.

（2） Atsuhiko Yoshida, "L'Enfant soleil et ses deux mères dans les mythes japonais et indo-européens," *Iris*, 23, 2002, p.121-127.

（3） G. Dumézil, *Mythe et épopée III*, Editions Gallimard (Paris), 1973, p.328.

（4） Id., *Légendes sur les Nartes*, Librairie ancienne Honoré Champion (Paris), 1930, p.94-95; p.191.

（5） Id., *Le Livre des Héros*, Editions Gallimard (Paris), 1965, P.116-133.

（6） 同書、一〇〇～一〇一頁。

（7）前掲書、注（4）、一九〇～一九九頁。

（8）前掲書、注（5）、六九頁。

（9）前掲書、注（3）、三二八頁。

（10）大林太良『日本神話の構造』、弘文堂、一九七五年、二一五～二一六頁。

（11）前掲書、注（6）および、大林太良『東アジアの王権神話』、弘文堂、一九八二年、などを参照。

（12）付論、注（3）、および拙著『日本神話と印欧神話』、弘文堂、一九七四年。Atsuhiko Yoshida, "Japanese Mythology and the Indo-European Trifunctional System," *Diogenes*, 98, 1977, p.93-116.

（13）拙著『日本神話のなりたち』、青土社、一九九二年、七六～一〇二頁、など。

（14）国立慶州博物館編『国立慶州博物館（日本語版）』、一九八八年、九四頁、など。

付論

（1）西郷信綱『古事記注釈』、第二巻、平凡社、一九七六年、四五頁。

（2）同所。

（3）A. Yoshida, "La mythologie japonaise: Essai d'interprétation structurale," *Revue de l'Histoire des Religions*, 160, 1961, p.47-66; 161, 1962, p.25-44; 163, 1963, p.225-248.

著者紹介
吉田敦彦（よしだ　あつひこ）
1934年生まれ。東京大学大学院文学部西洋古典学専攻課程修了。フランス国立科学研究所研究員、成蹊大学文学部、学習院大学文学部教授を歴任。学習院大学名誉教授。専攻：比較神話学。著書『日本の神話』『大国主の神話』『鬼と悪魔の神話学』『縄文の神話』『日本の神話伝説』（共著）『オデュッセウスの冒険』（共著）『世界の神話をどう読むか』（共著）（以上、青土社）、『日本神話の深層心理』（大和書房）、『昔話の考古学』（中公新書）、『ギリシァ文化の深層』（国文社）、『ギリシア神話入門』（角川学芸出版）他多数。

日本神話の論点

2013年 9 月25日　第1刷印刷
2013年10月10日　第1刷発行

著者――吉田敦彦

発行者――清水一人
発行所――青土社
東京都千代田区神田神保町1－29 市瀬ビル 〒101-0051
［電話］03-3291-9831（編集）　03-3294-7829（営業）
［振替］00190-7-192955
印刷所――ディグ（本文）
方英社（カバー・扉・表紙）
製本所――小泉製本

装幀――菊地信義

ISBN978-4-7917-6729-8　Printed in Japan